老後の家がありません

シングル女子は定年後どこに住む？

元沢賀

中央公論新社

はじめに
ずっと賃貸で良いと思っていたのに老後の住まいに真剣になった理由

コロナが「賃貸族」を再考させた

はじめまして、みなさん。モトザワです。57歳、独身、子なし、住宅大好きな「住み道楽」のフリーライターです。

いきなりですが、質問です。コロナは、あなたの生活を変えましたか？　コロナが、あなたの価値観を揺さぶりませんでしたか？

モトザワは、思いっきり変えられました。32年以上も「賃貸族」だったのですが、コロナがきっかけで、改めて、購入も含めて老後の住まいについて考え始めました。

社会人になって35年、モトザワはこの間に12度引っ越しました。平均居住年数は3年弱。子ども時代の3度の引っ越しを入れると、生涯で16カ所に住んできました。自分で契約した部屋は、購入は１カ所だけで（後に売却）、残り11カ所はみな賃貸です。いまも民間賃貸マンションに住んでいます。

賃貸のメリットは、いつでも引っ越せる手軽さ、税金や維持管理費は大家持ちで、店子（たなこ）には負担がない点です。ことに会社員ならば、社宅があったり、家賃補助がもらえたりするでしょう。私と同世代で総合職なら、賃貸に住みながら、お給料やボーナスは貯蓄や運用にがっつり回し、老後資金に備えているシングル女性もいるでしょう。

一方で、同じく賃貸に住みながら、まだ老後のことなんて考えられない！ 老後のことは定年になってから、と、仕事に忙殺されて将来設計まで考えが及ばないサラリーウーマンも多いに違いありません。私も後者の一人でした。

年金暮らしの女性、ほとんどが「生活苦」？

ここに、こんなデータがあります。

40歳以上のシングル女性のうち、実に６割が、住居費を支払った後の家計に「余裕がない」と答えた、というものです。年収が下がるほど、当然ながら、余裕がない人の割合は増えます。年収３００万円未満では77・９％、２００万円未満だと86・１％の人が、「あまり／まったく余裕がない」と答えました。任意団体「わくわくシニアシングルズ」が2022年末にまとめた調査で、シングル女性2345人が回答しました。「家賃の負担が非常に大きい」「収入が大幅に減ったときに家賃が払えるか」といった住居費の負担への不満と不安、また「年金生活者でも暮らせる単身者向け公的住宅の拡充を」といった要望を、回答者たちはこの調査に寄せました。

ですが、年収が200万円未満の人の9割近くが、家賃を払うと生活に余裕がない、という実態は、恐ろしい現実を教えてくれます。それは、年金暮らしの女性はほぼ全員が生活苦だ、ということです。女性の厚生年金の受給額が同じくらいだからです（働いてきた女性がもらえる年金の平均額は、2022年4月時点で約191万円です*）。

総務省の家計調査によると、単身世帯の支出は全国平均で年に約186万円（最新値の2021年）で、うち家賃と維持費を合わせた住居費は約26万5000円と14・3％の負担率です。これは全国平均なので、持ち家が半数ほどおり、単身といっても配偶者に先立

＊女性の平均年金受給額は190万8384円。算定根拠は、厚生年金受給額の平均額が令和3年度末時点で10万4686円、国民年金が同5万4346円（いずれも2022年12月発表、厚生労働省「令和3年度　厚生年金保険・国民年金事業の概況」から）。

たれた高齢者も含まれています。食費（27％）や光熱水道費（7％）、交通・通信費（12％）、医療費（5％）など他の支出は、地域差や年齢差はあまりないでしょうが、問題は家です。借家の人の家賃負担は、同調査では支出の3割程度になりました。

一方、総務省の住宅・土地統計調査によると、家賃は全国平均で月5万5675円（最新値の2018年）[*]でした。年間で約67万円の計算ですが、東京の賃貸事情とはかけ離れていますよね。月6万円弱だと、郊外か駅遠のワンルームか公営住宅しか借りられないでしょう。最低でも月10万円、年120万円は必要だ、というのが都内住まいの人の感覚ではないでしょうか。ですが、前述の通り、年金が年200万円弱だとしたら、年120万円だと、実に収入の6割以上を家賃に持って行かれる計算です。年金暮らしの家計は、住居費にほぼ圧迫されてしまいます。

しかも、住居費は、削りたくても削れません。食費ならば、外食をやめるとか、業務スーパーを活用するとか、わずかですが節約できます。美容院や服などのおしゃれ代も、コンサートや映画、本などの教養娯楽費も、我慢すれば減らせます。よく家計の見直しで、保険代や通信費を再考しますが、ほんとうは最初に検討すべきは家かもしれません。

住居費を減らす唯一の手段は住み替えです。だって、借家の大家は家賃を下げてくれないし、持ち家マンションの修繕積立金や管理費は増えることはあっても減ることはないからです。ですが、引っ越すにもお金が要ります。賃貸なら敷礼金や仲介料・保証料などで家賃の約5カ月分がかかります。買い換えや新規購入となると、もっとまとまったお金が必要です。でも、日々の生活に汲々としている人はそもそも、「先立つもの＝蓄え」を用意すること自体が難しいです。結果、余裕がないから住み替えできず、住居費が減らないから余裕ができない、という負のスパイラルとなります。

賃貸暮らしの単身女性の末路？

冒頭に書いた通り、モトザワはもともと「賃貸派」でした。お得だからです。同じ月額を払うなら、購入より賃貸のほうが、良い立地の広い部屋に住めます。

会社を辞めてフリーになった7年前、家賃補助がなくなって全額自己負担となりましたが、それでも、ずっと賃貸でいいや、と思っていました。家賃分くらいは稼げるだろうし、もし払えなくなったら安い部屋へ引っ越せばいい、と安易に考えていたのです（賃貸派になった紆余曲折と黒歴史については、おいおい触れます）。高齢女性が家を借りられない、と

＊総務省統計局「平成30年住宅・土地統計調査　住宅および世帯に関する基本集計」から。

いう問題は知っていましたが、50歳の自分にとってはまだ先のことと楽観して、「老後の家」までは考えませんでした。

そこにコロナが起きました。事態は急転します。

恐ろしいことに、フリーランスとしての仕事は激減。さらに、主な収入源だった大家業にも影響が出ました。コロナのせいで店子が倒産したり退去したりで、瞬間的に、モトザワの収入は前年同期の2割にまで激減してしまいました。ぎゃ〜!! 2割ですよ、2割！収入が2割しかないってことは、自宅の家賃を払うためには、「虎の子」の貯蓄や金融資産を取り崩すしかなかった、ってことです。

外食も娯楽もゼロにし、他の出費はぎりぎりまで削りましたが、家賃は同額のままでした。店子からは家賃減額請求をされて収入は減ったのに、自宅の家賃は大家に減額してもらえなかったからです。「逆ざや」でお金が目に見えて減っていきます。この状態がいつまで続くか、先が見えず、賃貸に住み続けることが不安になってきました。蓄えが尽きたら終わりです。

いずれ家賃の安い家へ引っ越すかもと思っていたタイミングが、年金開始時ではなく、今かもしれない、と思い始めました。高齢を理由に貸してもらえなくなる前に、今のうちに住み替えを考えるべきかも、と。「老後の住まい」問題が、突如、目の前に現れました。

そんな頃でした。追い打ちをかけるように、「あの事件」が起きたのは。
2020年11月、東京・幡ヶ谷(はたがや)のバス停で無職女性が殺された事件です。彼女は当時64歳、いまの私と大して変わらない年ごろです。報道によると、地方から上京し、独身のままずっと働いて、直近は派遣などで販売員をしていたそうです。でも不安定な仕事のせいもあり、借りていたアパートを追い出されました。さらにコロナで販売員の仕事を失い、路上で暮らすようになりました。それでも生活保護は申請せず、自力で何とかしようとしていたらしいです。なのに、ある深夜、人気のないバス停にただ座っていた彼女は、見知らぬ男によって撲殺されてしまいました。

彼女の事件は、高齢女性が住まいを失うことの恐ろしさを象徴しています。借家住まいの無職・独身の女の末路を突きつけられたようで、とても他人事とは思えず、ショックでした。とにかく家だけは確保しなくては。老後に路頭に迷うことだけは避けたいです。

ことに私は「フリー」の身。会社が守ってくれる会社員とは違います。それに夫も子もいません。自分ひとりで何とかしなくてはいけないのです。アラ還、フリーランス、独身、子なし、女性、という私の属性は、不動産を借りたり買ったりするには不利だと、はたと気づきました。そして、真剣に、老後の家問題に向き合うことにしたのです。

考えてみれば、老後の家問題は、多くの同世代の女性たちに共通の課題ではないでしょうか。私は総合職2期生です。１９８７年入社の男女雇用機会均等法1期生の女性たちは、この数年で60歳の定年退職を迎えます（定年延長で65歳に延びている会社は、さらに数年の猶予がありますが）。史上初めて、多くの女性たちが定年退職する「大量女性定年退職時代」が訪れます。

この世代の女性の3割が単身者です。独身とバツイチを足すと、全国で50代後半の27・7％、同前半でも29・9％がシングルです（２０２０年国勢調査から）。しかも彼女たちの8割が借家住まいです。持ち家率の全国平均は63％ですが、50代の単身世帯に限るとわずか18％*しかありません。

全国の借家住まいの50代単身女性たちの多くはおそらく、目先の暮らしに追われ、老後のことなんて具体的に考える余裕もないでしょう。以前の私と同様、老後のことは定年後にゆっくり考えればいいや、と先延ばししているに違いありません。再就職や転身（ライフシフト）のことは考えても、家について検討する独身女性はそう多くはないでしょう。

でも、実は、定年退職の前こそが、「老後の住まい」問題を真剣に考えるべき時期。購入の場合はおそらく人生最後のチャンスなのです。

会社員の定年退職前は「住宅購入適齢期」

一つには、「人生100年時代」だからです。女性の健康寿命（健康上の問題がなく暮らせる期間）は75・38歳ですから、会社を定年退職した後の元気な時期が平均10～15年あります。高齢者施設や病院が「人生最後の住まい」だとしたら、その前の健康寿命の間を過ごす「最後から2番目の家」はどこでしょう。今の家か、住み替えるか、いっそ地方や海外移住をするか、選択肢は広いです。

このリタイア期をどこで誰と何をして暮らすかは、とても大事な問題だと思いませんか？　配偶者がいれば、リタイア後の生活について夫婦で話し合うことになるでしょうが、単身者は一人で決めなくてはいけません。とりあえず現状維持でと、思考停止してしまうのはもったいないです。定年前にこそ、「どこで」「どんなふうに」リタイア後を暮らしたいかを、夢想して、計画してほしいのです。

＊「平成30年住宅・土地統計調査　住宅及び世帯に関する基本集計」のうち、「世帯の種類（3区分）、家計を主に支える者の男女、年齢（14区分）、住宅の所有の関係（6区分）別世帯人員（7区分）別普通世帯数―全国、都道府県、21大都市」を基に、家計を主に支える男女別、年齢別統計から筆者が集計。

定年前に老後の住まいを考えるべきもう一つの理由は、経済的・現実的なものです。

出産に適齢期があるように、自宅の購入にも適齢期があります。ことにシングル女性は、定年直前が「購入適齢期」と言えるでしょう。会社員は、家やマンションを買いやすい・借りやすい「高属性」だからです。この年代ならば、貯めたり運用したりして増やしてきた金融資産もあるはず。子持ちの人のように教育費を残しておく必要がない分、老後資金を別にしても、住宅の頭金に使えるお金は多いでしょう。

しかも「会社員」という属性は最強なのです。住宅ローンを組むには最も有利で、会社の信用力のおかげで、銀行からは最高の優遇金利の適用を受けられて、最低水準の金利で長期ローンが借りられます（金利の多寡で購入可能な上限額が変わってきます）。融資の審査でも、厚生年金は将来の支払い見通しとして、手堅く、無敵です。

退職金があるのも魅力的です。退職前に購入しておいて、退職金をローンの一部繰り上げ返済に充ててもいいですし、物件によっては、現金一括購入できてしまうでしょう。

なによりも、会社員でなくなった途端、銀行も不動産会社も、とても冷たくなります。物件を借りるのも買うのも、ハードルがかなり上がります。後ろ盾のない個人には、信用力がないからです。――ということを、コロナ後に改めて家を検討する中で、私は痛感しました。ああ、自宅を購入するなら会社員のうちに買っておくべきだった、と。

そんなモトザワの、自宅不動産をめぐる闘いの記録が、この本です。「(まだ50代だけど)アラ還・独身・子なし・(限りなく無職に近い)フリーランス」という、かなり属性の低い私が、老後に住む家を確保すべく、奮闘します。

賃貸なら、そもそも保証人のいないアラ還モトザワが家を貸してもらえるのでしょうか。購入なら、フリーランスの身で、親子ローンも使えない子なしのモトザワが住宅ローンを組ませてもらえるでしょうか。結局、老後まで住み続けられる家を見つけられるのか、住居費が家計を圧迫しないような家への住み替えはできるのか。あっちで断られ、こっちで門前払いを喰らってと、傷つき(苦笑)、体を張って試行錯誤しながら、「単身女性の老後の家」を考えていきます。

同世代の独身女性たちが老後の家を考える際の参考になれば、このうえない喜びです。

もくじ

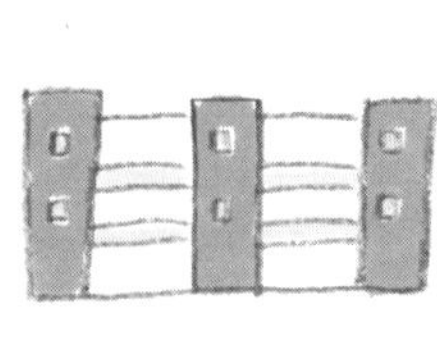

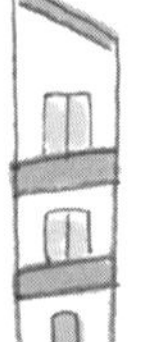

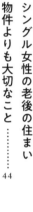

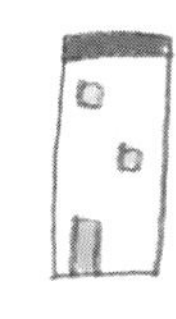

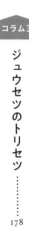

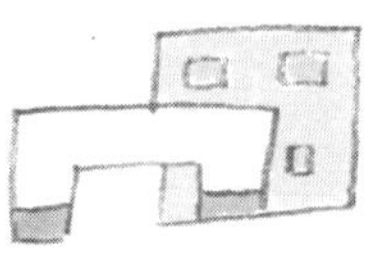

装画・挿絵　風間勇人
装丁　小川恵子（瀬戸内デザイン）

賃貸編

ＵＲに行ってみた「悪条件の私でも、部屋を借りられますか？」

礼金も仲介手数料もかからないのがＵＲの強み

２０２３年2月のある平日、私は、予約したＵＲ賃貸住宅の現地事務所を訪ねました。首都圏の、とある私鉄駅からバス便の、昭和40年代に旧公団が作った団地です。一部は分譲され、一部がＵＲの賃貸物件になっています。現地事務所はＵＲの賃貸棟内にあり、ＵＲから委託を受けた民間の不動産仲介業者が、募集業務を代行していました。

部屋の内見の前にまず、一番聞きたかったことを、ずばり、聞いてみました。

「57歳、女性、独身、（保証人になってくれる）子なし、〝勤め先〟のないフリーランサー（個人事業主）です。こんな悪条件の私でも、いまＵＲで部屋を借りられますか？」

かつての公団こと現ＵＲは、正式名称「独立行政法人都市再生機構（ＵＲ都市機構）」。都市基盤整備公団と地域振興整備公団の地方都市開発整備部門が、２００４年に統合して誕生しました。

千葉雄大と吉岡里帆のテレビCMで流れる「URである〜る」の歌が耳に残っている人も多いのでは？　CMソングは、「礼金ナシ♪ナシ♪仲介手数料もナシ♪ナシ♪だから初期費用が浮く！」「更新料ナシ♪ナシ♪何年住んでもナシ♪ナシ♪だからなが〜く住むのにいいね！」と謳っています。

歌の通り、礼金も仲介手数料も、民間では2年ごとに求められる更新料もないのが、URの強みです。保証人も不要で、保証人代わりに保証会社に払う保証料も要りません。賃貸派にとっては、敷金と家賃だけで済むので、大助かりです（民間賃貸住宅は入居時に、前家賃、敷金、礼金、仲介手数料、保証料など、しめて家賃の4〜5カ月分が必要です）。

しかも、URは毎年のように、2〜4月の引っ越しシーズンには、最大2カ月のフリーレントなどを含む「お部屋探しキャンペーン」を実施します。ちなみにフリーレントとは、入居月または最初の2〜3カ月の家賃を無料にするサービスのことです。入居者にとっては、引っ越し代などで物入りの転居時の出費が抑えられてお得です。民間では、空室を早く埋めたい大家が、家賃を値引きする代わりの特典として付けます。

そのURですが、私は一度も住んだことがありません。30年以上も賃貸族なのに、URの物件を本気で探したことすら、ありませんでした。なぜって、URのホームページで見るといつも満室で、希望エリアで希望の広さや家賃の物件を見つけられなかったからです。春や秋など企業の転勤時期だけでなく、平時でもなかなか募集は出ていません。

民間と遜色ない設備の新しさ

でも、実は、募集していないわけじゃなかったのです。今回、本気で住み替えを考えて、現地募集事務所に行ってみて、初めて分かったことが多々あります。良い意味で裏切られました。「食わず嫌い」「偏見」だったと反省しました。

部屋の内見で、玄関のドアを開けて、まず驚いたのが室内の匂いでした。URはお得な代わりに、狭い、古い、汚い、と思っていました。ところが。

「くさくない!」「リフォームの匂いだ!」

古びた家の、誰かが住んでいた、あの「生活臭」がしなかったのです。中古物件にありがちな、壁や床に染みついた、誰かの汗や食べ物などの生活の臭い。あの嫌な臭いの代わりに、清潔で新しい建具の匂いがしました。

畳表を替え、クロスを張り替え、必要に応じて建具や設備を入れ替え、きちんとクリーニング（室内清掃）をした証拠です。壁のクロスは今っぽい模様つきカラークロスで、床のフローリングも最近流行りの明るめの色のものに張り替えられていました。内見した3部屋だけが、たまたま特別にキレイだった、とは思えません。

内見した1LDKと2LDKは、いずれも単身者でも借りられるそうです。1LDKのLDK部分約10畳は、かつてダイニングキッチン4畳+リビング和室6畳だったのをリフォームで合体させたようです。この間取りも、「狭い公団」という先入観を覆しました。

いっぽう、窓からの眺望は素晴らしかったです。広々とした敷地に前後左右、ゆとりを持って棟が立っています。植栽の先に空が見えました。さすがは公団の団地!

住宅設備も、民間と遜色ない新しさでした。30年前には「公団の賃貸には浴槽を持って入居する」と言われましたが、時代は変わりました。風呂は追い焚き機能付きで、バス・トイレ別、洗面所も独立。洗面所と風呂のカランは、温水と冷水が一つの蛇口から出てくる混合栓です。室内に洗濯機置き場もありましたし、エアコンも1基は付いていました。

UR賃貸に「階段当番」はない!

オートロックがない代わりに、玄関インターホンはテレビモニター付きでした。BSやCS、インターネットも配線済み。URだなと感じたのは、下駄箱を自分で用意することくらい。ガスレンジと照明も借主負担ですが、これらは民間でも同じです。宅配ボックスこそないものの、古い民間賃貸よりよほど設備が充実しています。本当にびっくり。なんてきちんとした大家だろうと思いました。

クリーニングと補修には、実は、けっこうお金がかかります。キレイに住んでくれる賃借人ばかりじゃありません。結露やタバコ、家具の跡などで壁のクロスが汚れたり、フローリングに傷がついたり。退去のたびにクロスや床を全部張り替えると大変なので、大家は補修を最低限にしがちです。なのにURは、民間よりよほど丁寧に壁や床を補修・クリーニングしていました。そのうえ空室のタイミングで住宅設備も刷新しているのです。

案内してくれた不動産業者は、「部屋によって当たり外れがある」と言ってましたが、全然「外れ」がありません。「ここは古いままですね」と言われたフローリングだって、最新じゃないだけで、日焼けもなく、新品同様でした。確かに部屋によって、システムキッチンに替えたばかりだったり、風呂が真新しかったりと、リフォーム部分が違いました。でも、総じて新しくて清潔でした。

もう一つの誤解が、URだと、階段やゴミ出し場の掃除、草むしりなどの「当番」が義務づけられている、との思い込みです。かつて公団が分譲した古い団地で、今もそうした「当番」や「自治体活動」が残っているところはあります。でも、ことUR「賃貸」に関しては、「クリーニングは、清掃業者が入ってるんですよ」とのことでした。

確かに見ました。棟から棟へ歩く際、制服の清掃業者が、階段の掃き掃除をしているのを。住民が当番制で階段掃除をやる必要はないのです！　高木から生け垣まで、広い敷地内にある豊かな緑の剪定も業者だそうです。感動！　環境整備までURが管理してくれるなんて！　へたな民間の分譲賃貸より、よっぽどグレードが上です。

入居のための3つの要件

更なる思い込みは、URには物件がない、というものでした。

確かにURのホームページには、空室情報はなかなかありません。掲載がないので募集はないと思って、探すことすら諦めていました。でも今回、たまたま民間の不動産サイトで「UR」と表示された物件を見つけ、業者に現地で話を聞くことができました。結果、単身者にちょうどいい広さ・間取りの物件もあることが分かりました。つまり、空室は出ても散発で、しかもすぐに申し込みが入ってしまい、内見ができないだけ、だったのです。

さて。冒頭に挙げた私の疑問に戻りましょう。「女性・独身・不安定収入・アラ還」でもURの部屋は貸してもらえるのか？　の答えは、……対応してくれた60代と思しき、おばちゃん（失礼！）担当者は即答しました。

「借りられますよ」

単身者でも？　ええ。個人事業主でも？　はい。それが何か問題でも？　という反応で、逆にこちらが驚いたほどです。「借りられるんですか？」「はい」。

「収入証明は要りますか？」

これも問題です。例えば、マンションを買おうと思ったら、確定申告（会社員なら源泉徴収）を過去3年分出せと言われます。個人事業主は、経費を多くして見かけの収入を低く抑えることがありますが、それだと「低収入」とみなされ、ローン審査が下りません。同じように、年収を確認されると、URの収入要件を満たさないのではと恐れました。

でも、おばちゃん担当者はこの質問にも動じません。個人事業主など、勤め人以外で収入が不安定な賃借人も多いのでしょう。

「3つの〝収入審査要件〟のいずれかに相当すれば、借りられます。URの場合、保証人も必要ありませんし、単身だろうが家族持ちだろうが、年齢に関係なく、勤め先や勤務形態にもかかわらず、借りられます」と、胸を張ります。ではその3つの要件とは――。
①月給または固定収入が、入居する部屋の家賃の4倍以上ある。この場合は税務署で「納

税証明書」をもらって、提出する（一番新しいもの1年分）。
②貯蓄額が、入居する部屋の家賃の100倍以上ある。ただし、株や投資信託など金融商品への「投資」は「貯蓄」とみなされないのでダメで、あくまで預貯金。定期預金や積立貯金など現金の残高証明や通帳のコピーを提出して証明する。
③家賃・共益費の12カ月分を、契約時にまとめて支払う。

良くも悪くも現金主義

この①～③のどれか一つに該当すれば大丈夫です、とのことでした。例えば月額6万、共益費2000円の部屋を借りるなら、
①毎月24万円以上の固定収入（給料や年金など）がある、または年間288万円以上の収入がある
②銀行や郵便局などに預貯金が600万円ある
③現金でいますぐ、家賃×12カ月分＋敷金2カ月分＋共益費×12カ月分＝86万4000円を払う
のどれかで良いというのです。

さらに、〈①と②の合わせ技〉もOKとのこと。平均月収が①の半分の12万円であっても、預貯金額が②の半分の300万円あれば良いそうです。③の1年分全期前納の場合は、現地事務所で仮申し込みをしてから1週間以内に、URの営業センターに現金を持参して契約すれば、即OKだそうです（ちなみに、民間の家賃は、前月末に翌月家賃を振り込む「前払い」ですが、URの場合は当月末に当月家賃を払う「後払い」だそうです）。

モトザワの場合はどうでしょう。フリーランスで、毎月の収入が不安定かつ税引き後年収もさほど高くないので①は無理です。余剰資金はほとんど株や投資信託、不動産などに投資して、現預金はわずかしかないので②も該当しません。入居前審査用の「見せ金」のためだけに金融資産を処分して現金化すると、利益確定させて税金を払うことになり、もったいないですから。でも、③の1年分の一括前払いならできそうです。

民間の賃貸物件でも、礼金や保証料など、初期費用は家賃の約半年分必要です。その倍を用意すればいい計算です。支払い猶予は、営業日に関係なく1週間なのでバタバタですが、事前に準備をしておけば間に合うでしょう（振り込みだと証明だなんだと面倒なので、現金をUR営業センターに持参するほうがいいと勧められました）。

良くも悪くも現金主義です。一括前納なら割引もあるとのこと。面倒な審査もなく、お金と住民票だけ持って行けば即契約成立だなんて、保証人のいない、低収入の中高年には頼もしい限りです。1年後からは、家賃は普通に毎月払うそうですが、そのまま何歳になっても住み続けられます。更新料もありません。大家に追い出される心配もいりません。「でも、今は良いとしても、将来、年金暮らしになって、今よりさらに収入が少なくなって、家賃が払えなくなったら……」。なおも心配する私に、おばちゃん担当者は、得意そうに話しました。60歳以上の人向けには「高齢者向け優良賃貸住宅（高優賃）」という家賃の安い部屋が用意されています、と。

最後の砦にはURがある

高優賃は安いうえに、階段がつらい高齢者でも住みやすいように1階で、室内の段差をなくす改装もしてあるそうです（孤独死予防のため、緊急時アラームの契約は必須だそう）。団地内住み替えならば敷金は充当されるので、余分な一時金を用意しなくても転居もできます、と言います。「数が決まっていて、なかなか空きは出ないけれど、団地内で高優賃が出るのを待って住み替えるご年配の方もいます」とも言ってました。

安心しました。これなら私でも借りられそうです。ただし物件があれば、ですが。

URの最大の問題は、なかなか空室が出ないことでしょう。私が内見に行ったのは平日で、たまたま、退去したばかりで申し込みがまだ入ってなかった部屋が3つありました。でも3部屋とも、3日後にはすべて仮申し込みが入り、内見すらできなくなりました。

運とタイミングです。いつ空室が出るか分かりません。しょっちゅうチェックし、内見可能になったらすぐ見て、（もしくは見ないまま）申し込みを入れないと、先着順で埋まってしまいます。仕事を持っている人が忙しい合間に探すには、URは向かなそうです。

逆に、完全に仕事を引退して時間に余裕ができたら、URは穴場かもしれません。必要なのは根気と努力、マメさです。首都圏でも、郊外の古いURなら、安い部屋があります。空きが出るのを気長に待って、こまめにチェックして、転入するのです。

国民年金だけでは難しいでしょうが、年金の二階建て部分、厚生年金もあれば、なんとか死ぬまで家賃を払えそうです。老後の住まいの最後の砦にはURがある、と思えれば、随分と気が楽です。

我々世代が70代を迎える頃までに、国も中低所得高齢者の公的住宅整備に力を入れて、URの「高優賃」の部屋数をもっと増やしてくれれば、より安心なのですが。

民間賃貸は借りられる？繁忙期の歓迎されない客

日本中で「民族大移動」が起きる時期

２月から３月は、賃貸不動産の仲介業者にとって、年間で最大の繁忙期です。激しいです。良い物件ほど足が早いです。空きが出た、となったら、とたんに申し込みが入ります。退去も出ますが、入居希望も入り、物件がどんどん入れ替わります。４月の転勤や進学、就職を前に、日本中で「民族大移動」が起きるからです。

２０２３年２月のある日曜のことでした。以下の２つの民間賃貸物件を見たいと、私は、不動産仲介業者Ａ社に事前にアポを入れていました。

物件Ａ　私鉄Ｘ駅（急行停車駅）徒歩７分、４階建て３階部分、52㎡南向き、家賃９万７０００円＋共益費３０００円、敷金なし、礼金１カ月、現空。

物件B　同Y駅（Xの隣駅）徒歩10分、5階建て1階部分、54㎡南東向き、家賃8万2000円、共益費なし、敷金1カ月、礼金1カ月、現空。

いずれも、スーモやアットホーム、ホームズなどの賃貸情報ポータルサイトで見つけた物件です。X駅前のA社が取り扱い業者でした。火曜にメールでアポを入れた段階では、両方とも「現在空室」「即入居可」で、部屋の中を見る「内見」ができる状態でした。

この時まで、私はこの沿線で賃貸物件を探したことがなく、AやBの「お得度」は不明。「家賃（共益費や管理費込み）10万円以内」「X駅かY駅から徒歩10分以内」という条件に合っただけ。内見して相場感を知ろうと、軽い気持ちでした。

賃貸物件は「早い者勝ち」

果たして日曜。訪ねた不動産屋で、こう告げられました。「2つとも、申し込みが入ってしまいました」。がーーん。申し込みが入ると募集は停止します。内見もできません。なんと。不戦敗です。ここで私は、賃貸物件を借りる時のルールを思い出しました。「早い者勝ち」です。

しばらく住み替えていなかったので忘れていましたが、賃貸物件は、基本的に申し込みを入れた順番に決まります。一番手で申し込んだ人が審査を通らずに、次に申し込みたいと表明していた「二番手」に回ってくることは希です。ほとんどは一番手で決まります。

ですから、住みたいエリアが決まっているなら、そのエリアの空室物件は下見をして、土地勘と建物勘を養い、希望の建物・部屋の狙いを定めておきます。例えばXという建物の2階以上の西側住戸が良さそうと思えば、1階東側でも、募集が出た時に内見して確認しておきます。希望の階で空室が出たら、内見をしなくても申し込めるようにです。

A社の話に戻りましょう。担当者は若い女性でした。その場で物件情報を検索して、近隣で似た広さ・家賃の次の2つを紹介してくれました。

物件C　X駅徒歩4分の南西向き43㎡、10万円（＋管理費4000円）
物件D　同4分の東向き38㎡、10・5万円（＋管理費5000円）

案内されて見に行きましたが、いずれも、家賃は予算オーバーのうえ、間取りが良くなかったり、狭かったり、日当たり・眺望が今一つだったり。敷金、礼金、仲介手数料や保証料まで含めた初期費用は、Cで約47万円、Dでも約39万円します。心から良い！　と思えないのに払う金額としては高いです。「検討します」と、事実上、お断りしました。

でもY駅に未練があった私は、その女性担当者に探してもらいました。すると、不動産仲介業者だけが見られる情報サイトには次々と新着物件が。Y駅前に物件が「こんなにたくさんあるのは初めて見ました」と担当者が言うほどです。でも、ある物件は、内見の電話を掛けたら、「今、申し込みが入りました」。さすがは1年最大の繁忙期。どんどん新着物件が埋まっていき、こっちも気が急きます。結局、内見できることになったのは2つ。

物件E　Y駅徒歩11分の南向き54㎡、9・5万円
物件F　同14分の南向き54㎡、9万円

帯に短し、たすきに長し

両方とも、図面で見る限り、「南向き、（資料写真では）日当たりさんさん。眺望も良さそう。築古だけれど、何年か前にリフォームしていてきれいっぽい」と、期待しました。でも実際に現地を見てみると、図面の印象とは大違いでした。

Eはエレベーターなしの5階建ての5階で、階段の上り下りが想像以上に大変でした。スーパーの大荷物やパソコン、出張時の大きなトランクの上げ下ろしを考えただけで、げんなり。年を取ってからも住み続ける、老後を見据えた住まいとしては非現実的でしょう。Fもエレベーターなしの3階のうえ、内装がかなりくたびれていました。でもURとは違って、民間の大家はリフォーム予定はないとのことでした。両者とも見送りました。

たくさん物件はあるのに、「帯に短し、たすきに長し」です。何かが良ければ、別の何かが足りません。すべてがパーフェクトな理想の家なんて、ないんですけどね。

前述のA～Fの例から分かるのは、家賃がリーズナブルで条件が良さそうな物件はすぐに決まってしまうこと、そして、安いには安いなりの理由があること、です。

古かったり駅から遠かったり、北向きだったり、エレベーターがなくて階段だったりすると、安くなります。南向きでも、目の前に建物があって、眺望も日照もなければ、ほかより安いでしょう。目の前がお墓ならば、日当たりがよくてもやはり安いでしょう。

逆に、古くても、駅から遠くても、階段でも構いません、となれば、かなり広い部屋が「お得」に借りられるはずです。やすーい、ふるーい、遠ーい、それでも良いと思えるか。

私の場合、どこかに毎日出勤しなくていいのですから、駅からバス便でも問題はないはずです。出掛けるには不便だけれど、周辺環境や日照、間取りなどが快適な、広くて遠い物件にするか。いや、やっぱり駅近で、狭くても、そこそこ新しくて、そこそこ高い部屋を選ぶか。後者だとしても、少なくとも、いま借りている都内よりは安くなるでしょう。

内見しなくちゃ決められない

要は覚悟、決めの問題です。住むことは人生そのものだと、改めて思います。自分は家の何が大事か、何を優先したいのか。広さか、家賃か、駅からの近さか、日照か、静かさか、防犯面での安心感か、それとも……。その優先度は、人によって違うでしょうし、同じ人でも、人生のどのステージかによって変わるでしょう。

例えば、会社勤めだった頃、私にとって家は寝に帰るだけの場所でした。日照や眺望がなくても、目の前に建物があっても問題なし。むしろ、朝は日が差さない部屋のほうが、不規則な睡眠時間を邪魔されなくていいと思っていました。なので、会社員時代から住んでいる今の部屋は、当時の通勤に便利なように、都会のど真ん中にあります。

夜、お芝居やコンサートから帰る時は近くて便利ですが、住環境としてはイマイチ。ベランダの前は隣のオフィスビルで、向かいの会社員からこっちの室内は丸見えです。だから日中もカーテンは閉めっぱなし。南向きの恩恵にはまったく浴せません！

でも、いまや在宅ワーカーで、朝から晩まで自宅で仕事をします。窓もカーテンも開けて、お日様に当たりたい！　いま私が最も欲しいのは、南向きの日照と、隣のビルから覗かれない眺望です。駅徒歩10分圏内よりも、バス便で探したほうが現実的かもしれません。

とはいえ、お芝居やコンサートの夜の部に行くこともあります。終演後に劇場を出たら交通手段がない、では困ります。他県の劇場を21時半過ぎに出て、終バスに間に合うか。終バスはあっても乗降客が少なくて、マンションまでの夜道が恐いのも困ります。該当物件に、実際に夜、行って確かめないといけません。しかも、「恐い」の感覚は人によるので、他の人が「大丈夫」と言っても当てになりません。

なので私は、値段と図面、資料写真だけで部屋を決める気にはなれないのです。その部屋がその値段である事情や理由が妥協できるか、自分で確かめたいです。

かくしてモトザワは、あれも見たい、これも見たいと、内見ばかりして、ちっとも納得せず、いつまでたっても部屋を決められないのでした。さくさく契約をまとめたい繁忙期の不動産業者にとっては、きっと迷惑な客でしょう。

75歳までは大丈夫と太鼓判
賃貸契約の年齢リミットは？

80歳を超えたら、3親等以内で「代理契約」の手も

ところで、懸案のお題。「民間不動産で、アラ還独身女子は賃貸を借りられるのか。借りられるとして、何歳までなら民間でも借りられるのか」問題ですが――別の日曜日、前出の私鉄沿線Y駅近くの別の不動産屋Bに行った時、本音トークを切り出しました。

「ところで、ぶっちゃけ、どう思います？　私はいま57歳で、フリーランス、独身、子なし、一人暮らしなんですけど、この条件で、民間の賃貸って借りられますか？」

B不動産は賃貸仲介がメインの、地元業者です。事故物件、再開発予定やご近所トラブルなど、「ネットには出てこない、地元民しか知らない情報」は、地元の不動産屋が一番よく知っています。そうした地元情報を聞き込みに行ったのです。

不動産屋のおじさん（というと失礼ですね、たぶん私よりずっと年下で、まだ40代）は、大

きなお腹を揺らして微笑みました。

「全然、大丈夫ですよ。まだ50代ですよね？　借りられますよ。自分も独身で賃貸派ですけど、ずっと賃貸でも大丈夫、って思ってます」

シングル仲間でしたか。でもご同輩、将来は不安じゃないですか？

「今は大丈夫でも、将来、民間賃貸は借りられなくなるんじゃないですか？　ほんとのところ、何歳まで借りられます？　『いずれ賃貸は借りられなくなるから、買えるなら買っちゃったほうがいい』っていう人もいますけど、不動産屋さんの本音ではどうなんです？」

　おじさんは余裕の微笑みのままです。

「賃貸で年齢制限がひっかかってくるのは、70歳くらいからです。さすがに75歳を超えると、新規に賃貸契約を結ぶのは難しくなりますけれど。でも、80歳を超えたら、『代理契約』という方法もあります」

　代理契約とは、高齢の入居者に代わって、身内が代理人となって契約を結ぶものです。

「でも、私は子どももいないから……」。言いよどんだ私に、おじさんが教えてくれました。

「自分の子じゃなくても、3親等以内ならいいんです」

　姪（めい）か甥（おい）でいい、ただし、何かあった時に連絡したらすぐ駆けつけられるくらい、近くに住んでいれば、とのことでした。「何か」とはつまり、部屋で倒れたとか亡くなったとかでしょう。駆けつけられる近さとは、関東圏くらいなら許容範囲だろう、とのことです。「万一の時に対応してくれる、民間の生前契約ではダメなんですか？」と聞くと、契約や大家によるそう。生前契約が必須の物件も、中にはあるそうです。

75歳以上になって本当に住まいに困ったら

代理契約の話を聞くと、「子を産んでいない・独身の女性」に、日本は冷たいなあ、と思います（購入時の親子ローンも同じですよね）。

ラッキーなことに、私には妹がいて、姪甥がいます。私から見て3親等です。彼らが代理契約に同意してくれれば、80歳を超えても、私は賃貸の契約ができるでしょう。でも女友達の中には、一人っ子で独身の個人事業主もいます。彼女には、代理契約をしてくれる親族はいません。そういう場合はどうしたらいいんでしょう。

「もし、子どももいなくて、3親等以内の親族もいないなら、一般の賃貸住宅は厳しいですね」と、おじさん。やっぱり……。「でも、URがあります。それに、いずれ国も何かしら考えるんじゃないですか」。それより、もっと現実的な助言をくれました。

「賃貸は、いったん住みさえすれば、住み続けられますから、75歳までにどこかに入っちゃえばいいんですよ。居住権がありますから」。確かに日本の民法は賃借人に有利で、大家が店子を理由もなく追い出すことはできません。ということは、「人生最後の民間賃貸への引っ越し」は75歳の直前に考えればいいのかもしれません。

「75歳以上になって本当に住まいに困ったら、地方移住という手があります」と、おじさんは付け足しました。「いま、世間的には空き家が問題になってるじゃないですか。都会にこだわりがないなら、地方に家はたくさんありますよ」

確かに、空き家問題は全国的な課題です。空き家は年々増え、いま全国に８４６万戸（２０１８年現在、国土交通省「住宅・土地統計調査」から）。相続トラブルなどで塩漬けの空き家は、地価が高い場所なら開発業者が買い取りますが、交通の便が悪いエリアでは朽ちるばかりです。そんな放置空き家は、東京都内を含め首都圏にもあります。

全国の宅地が、再開発が進む価格高騰エリアと、空き家がどんどん増えていく価格低迷エリアとに二極化、後者の自治体は空き家活用に力を入れています。地方の空き家バンクは、安い賃料で即入居可の家を紹介しています。補助金付きの若者の移住促進ではなく、純粋な空き家の借り手・買い手募集なら、調べた限り、年齢制限はなさそうです。75歳を過ぎても行けそうです。

「『一生賃貸』の人は増えていると感じています」。仕事柄の肌感覚だそうです。

「資産を残すことを考えるなら購入してもいいですけど、残す必要がないなら一生賃貸でいいじゃないですか。毎年毎年、空き家は増えているし。首都圏にこだわらないなら、賃貸で住み続けられると思いますよ。これからもっと高齢化社会が進みますから、行政も変わると思いますし」

その通り、国も高齢者の住宅施策を考えていないわけではありません。2022年末に政府の「全世代型社会保障構築会議」がまとめた報告書にも、今後検討すべき重要な課題として、高齢者の住宅問題が挙げられていました。

また、国は、住宅が借りられない単身高齢者が今後増える問題にどう対処するか、2023年度から検討会を開いて議論しています（国交省、厚労省、法務省「住宅確保要配慮者に対する居住支援機能等のあり方に関する検討会」）。

おじさんの話をまとめると、アラ還の私は、まだまだ民間賃貸で住み替えが可能みたいです。ほっ。安心しました。

ただし、入居申し込み時には、審査があります。1年分の収入証明（確定申告）を提出しなくてはいけません。会社員時代は法人契約で、会社の看板のおかげで審査は難なく通っていました。個人は何で判断されるのでしょう。個人事業主や女性だからと断られることはないそうですが、大家による好き嫌いではなく、保証会社による与信調査です。判断理由は非開示、ブラックボックスの中なので、本当の理由は分からないとか。クレジットカードで過去に滞納などの「事故」がなければ、大丈夫だろうとのことですが、実際に書類を出してみないと分かりません。まずは、住みたい・住める賃貸物件を探さなくては。

「じゃあ、あとは物件が出るのを待つしかないですね」。でも、前にも書いた通り、「掘り出しもの」はすぐ埋まってしまいます。良い物件などなかなか出てきません。と、ぼやいていたら、おじさんは、そもそも出回る物件数が減っていると教えてくれました。

「物件が出にくくなってますね。コロナ前と比べて、半分になっています」

なんとここにも、コロナの影響があるそうです。

コロナが不動産業界を変えた

いわく、コロナで在宅ワークが広まり、出勤しなくていい企業が増えた。転勤になっても移動しないまま、リモートで働く人も増えた。結果、転勤による転居の数が減り、退去による空室（供給）が減った。転勤も減ったので客（需要）も減った。こうして市場が需要、供給とも細る中、売り上げを確保するため、不動産屋が「直づけ」（物件を管理している会社だけが募集を扱える「専任媒介」のこと）を増やした。以前は、より多くの情報を回すために、どこの会社も客付けできる「一般媒介」が主流だったが、今は、それぞれの扱い会社からしか申し込めない。各社が自社の管理物件を囲い込み、来た客を自社物件で契約させようとする。結果、薄商いになっている——とのこと。つまり、少ない客と物件を、以前と同じ数の仲介業者が取り合う構図、です。

例えば、以前なら、客は、ネットで見た複数の物件情報を、まとめて1軒の不動産屋に問い合わせして、内見して検討し、選べました。でも、いまや、物件ごとに業者が違い、「物件AはここX社で扱えますが、物件BはY社、物件CはZ社に聞いてください」という状況だそう。客は各業者に行って、客として登録しなくちゃいけません。なんて不便なんでしょう！　そうなると、面倒だからと、たまたま最初に連絡した不動産屋で、その業者が管理している物件の中から選んで（選ばされて）決める人も出てきそうです。

実際、私が内見したかった4物件について、おじさんの会社では、うち2カ所は、「昔はうちでも取り扱っていましたが、今は扱っていません」でした。それらは、「直づけ」の不動産仲介業者に行かなければ、内見も契約もできないそうです。地元の街や業界のことをたくさん教えてくれたので、せっかくなら、おじさんの会社に仲介手数料を払いたいのですが。そのためには、おじさんの会社の管理物件から選ばなくてはいけません。残念。

コロナは不動産業界を変えるだろうと、予言はされていました。在宅ワークが主流になり、「家時間」が増えるので、オフィスでも住宅でも、需要の優先度が変わると言われていました。通勤には不便でも広めの家を求めて郊外に住む人が増えたとか、企業が事務所を縮小したため都心のオフィス需要が減り、飲食店にも影響しているとか、聞きました。さらに、賃貸住宅の仲介時の業界の商習慣をも変えてしまったとは、驚きです。

忙しい転勤族は、そんな労力や時間をいとうでしょうから、時間に余裕のある個人事業主に有利と言えそうです。複数の物件について複数の業者に問い合わせる手間を惜しまない人だけが、気に入った物件A、B、Cを見比べることができます。地道にポータルサイトを見比べ、物件を見つけたら、面倒がらずに各業者に連絡する。足で稼ぐのです。

春の繁忙期を過ぎた3月下旬以降にじっくり物件を探したほうがいいとも、おじさんには助言されました。ならば、もう少し時間をかけて探すとしましょう。年齢的にはまだまったく問題ないと、プロからお墨付きをもらえたことですし。

コラム1

シングル女性の老後の住まい 物件よりも大切なこと

元「住宅情報」編集長で、中古マンションの評価をする「マンション評価ナビ」創設者である大久保恭子さん（69歳）に、単身女性の老後の住まいについて聞きました。

Q 老後を見据えて単身者が住まいを考える時に、何が重要ですか？

A 国の社会資本整備審議会でも、単身高齢者の住まいをどう確保するかは話し合われています。今後、単身高齢者世帯は増えますし、２０４０年には高齢者が世帯の半数近くを占めると推計されます。いっぽう、**年を取ったら家を貸してもらえない問題が起きています。９割の大家が「居室内での死亡事故等に対する不安」を理由に挙げました。**

国も対応策を講じています。家賃の滞納については、**家賃補償の制度**を作りましたし、**単身高齢者が亡くなった後の残置物の処理については、公的団体が第三者として整理できる仕組みが始まっています。**家を貸してもらえない高齢者に家をあっせんする居住支援法人も、地域による偏在はありますが、全国で７１６団体（２０２３年現在）が指定されています。

徐々に問題は解決されてきましたが、唯一、どうにもならないのが**認知症の問題**でしょう。購入でも賃貸でも、一人暮らしの高齢者には必ずつきまといます。なので、老後の住まいを探す時には、まず、その地域が、**認知症の高齢者が生活できるような支援策や見守り制度が機能している場所かどうかを見極めてから、物件を探す**ことをお勧めします。

大久保恭子さん

元「住宅情報」編集長。中古マンションの評価をする「マンション評価ナビ」創設者

終の住処に住み始めたら、**積極的にご近所付き合いをし、地域社会に溶け込む努力をすることが、セーフティーネットになる**と思います。遠い親戚より近くの他人。隣や近所に「助けて」と言える間柄の知り合いがいれば、万一の時にも救急車を呼んでもらえるでしょう。

例えば、私自身、地域の「生活支援員」のボランティアをしています。活動を通じて社会福祉協議会に知り合いもできますし、高齢者向けの制度にも詳しくなります。**社会福祉協議会と仲良くしておけば、最後まで、自宅で暮らせるかもしれません。**独りで、誰にも迷惑をかけずに亡くなりたいなら、こうしたセーフティーネットを考えることは必須です。

いまや高齢者も、働けるうちは働かなくてはいけない時代です。誰もが定年で仕事を辞めてリタイアできるわけじゃありません。退職金と年金だけでは、インフレになれば生活は厳しいでしょう。都市部のほうが人口も働き口も多いですが、物価も家賃も高いので、ふつうの人は働き続けることになります。

不動産は所有すれば資産になるし、賃貸のように部屋を追い出される心配はなくなります。でも現実には、購入できない単身高齢者も多いはず。都会の良いところは、家の在庫が豊富で、ピンキリで物件がある点です。**経済的に裕福でなく、働き続けなければならない人でも借りられる物件も、都会にはあります。**前述したセーフティーネットがある地域かを確認して、物件を探してみてください。

購入編

低属性(の私)でも中古マンションは買えますか?

まずはウェブで物件探し

70歳や80歳になった時のことが不安で始めた「住まいチャレンジ」。民間賃貸が意外とまだまだ借りられそう(75歳まで)、それも厳しくなったら、最後はUR(旧公団)がある、と分かって安心しました。

いっぽう、ならばと、無謀な挑戦——マンション購入——への欲求がむらむらと湧いてきちゃいました。アラ還独身フリーランス女は、中古マンションを買うことができるでしょうか? 無謀なチャレンジと思いながらも、業者に当たってみることにしました。

まずは、物件探しです。スーモやアットホーム、ホームズなどの不動産ポータルサイトや、三井のリハウスや東急リバブルといった大手不動産仲介業者のホームページには、多くの物件情報が載っています。市区町村名や沿線・駅名と、予算、広さ、築年などから物件を探せます。希望する私鉄沿線で、予算と広さを指定して検索しました。

駅　：首都圏の私鉄A線B駅、C駅（急行停車駅）

予算：～2000万円

広さ：45㎡～

予算は、家賃10万円の部屋を借りたら20年で計2400万円払うので、同程度として超大雑把に2000万円と想定しました（年収などを基にした正しい予算の求め方は120ページ～のコラムをご参照ください）。この条件で買えるのならば、この際、古くても、駅から遠くてもいいや、と思いました。

果たして――ありました。ちゃんと何軒かヒットしました。

物件①　890万円、46㎡、2LDK、東南向き、1972年築、B駅からバス23分徒歩5分（ただしB駅へのバスは本数が少なく、メインのバス路線は別の駅）

物件②　1380万円、54㎡、3DK、南向き、1978年築、C駅からバス14分徒歩3分

物件③　1490万円、54㎡、2LDK、南向き、1978年築、C駅からバス10分徒歩1分

物件④　１９９０万円、48㎡、１ＬＤＫ、南東向き、１９７４年築、２０２３年リフォーム後引き渡し、Ｂ駅からバス16分徒歩２分

まだまだあります。なあんだ、手の届く価格の物件もあるんだ、とびっくり。大企業の会社員の退職金は２０００万円超とされますから、彼女たちなら退職金で買えます。もちろん、実際に売主が「こんな（属性の）私」に売ってくれるか、私が物件を確認して「そんな（古さや駅からの遠さなどの）条件」でも買いたいかは、また別の話です。でも物件がリアルにあるなら、欲も出てきます。予算を上げたら、またはエリアをＤ駅まで広げたら、どうなるでしょう。予算を「〜２５００万円」「〜３０００万円」「〜３５００万円」として検索しました。すると――。

物件⑤　２３８９万円、50㎡、２ＬＤＫ、北東向き、１９７５年築、フルリフォーム済み、Ｄ駅徒歩２分

物件⑥　３０８０万円、63㎡、２ＬＤＫ、南西向き、１９７１年築、フルリフォーム済み、Ｂ駅徒歩７分

ぐっと魅力的な物件が出てきました。いずれも急行停車駅の駅近で、フルリフォーム済みです。安い理由は分かっていましたが（後述します）、まずは不動産仲介業者とつながるため、内見のアポを入れました。賃貸ばかりに住んでいて、最近の分譲マンションの標準的な設備レベルを知らなかったので、それを確かめるためでもありました。

最大の目的は、「アラ還（返済期間が短い）、独身（夫婦ローンが使えない）、子なし（親ローンが使えない）、フリーランサー（会社という信用力が使えない）」という悪条件の私がローンが組めるのかを、不動産のプロに教えてもらうことでした。ローンが組めないなら現金で買うしかないので、ジ・エンド。購入の夢は断たれ、一生賃貸族が確定です。

不動産選びは業者選びがキモ

ということで、２０２３年2月、⑤と⑥を、それぞれの業者に案内してもらいました。さすが最新のリフォーム後物件です。真っ白で清潔な空間がまぶしいです。ビルトインキッチンは食洗機付き、風呂は「１４１７」というゆったりサイズのユニットバス、トイレもシャワートイレ・暖房便座付き（タンクレスではありませんでしたが十分です）。

古い建物なので天井高が２３００（㎜）と低め（最近は２４５０などと高いものもありま

す）でしたが、壁の白さと、薄い色のフローリングのためか、さほど圧迫感は感じません。いいなあ、と思いました。買えるなら欲しいなあ。担当者に聞いてみました。「私でも買えますか？　住宅ローンって、私でも組めますか？」。どきどき。

不動産仲介業者は、２人とも、異口同音に言いました。「この物件は厳しいと思いますけれど、ふつうの物件なら、融資をしてくれる金融機関はあると思いますよ」。

なんと！「アラ還（返済期間が短い）、独身（夫婦ローンが使えない）、子なし（親子ローンが使えない）、フリーランサー（会社という信用力が使えない）」の、この私でも、融資をしてくれる金融機関があるかも？　有頂天になりました。今まで、「もうアラ還だし独身だしフリーランスだし、住宅ローンは借りられないから、マンションは買えない。買えないから、一生賃貸だ。いいよ賃貸で」と、「酸っぱいブドウ」で諦めていたのに。60歳を前に、買うという選択肢が、どどーんと、目の前に開けたなんて！　ひゃっほー。

ただし年収によるそう。確定申告の書類を見せたら、⑤を案内してくれたベテラン不動産マンは「これなら大丈夫じゃないでしょうか。金利０・８％……とかで行けるんじゃないかな。内々に銀行に聞いてみますか？」、⑥の若い営業マンは「銀行は難しいですが、信金さんなら貸してくれると思います。金利は２％を超えるかもしれませんが」。

これまた驚きです。おそらくは、業者によって、さらに担当者によって、これまでの実績と、金融機関とのパイプの太さによって、金利が変わってくるのでしょう。不動産選びは業者選びがキモなのだ、ということがよくよく分かりました。

そして私は、⑤のイケメン不動産マンT氏に、今後の物件探しを頼むことにしました。融資がつかないと物件は購入できないからです。T氏の会社で銀行融資をつけてくれたら買いますから、物件を見つけましょう、と話していたのに——足踏みが始まったのです。

「安い理由」の種明かし

さて。⑤、⑥が安い理由の種明かしをしましょう。不動産に慣れた方は、察しがつくのでは？　双方とも、地上権（借地）だったからです。旧法地上権なので、借地人に有利で、自動更新もできます。実際には永久貸与に近いです。地主から突然明け渡しを求められ、建物を壊して土地を返す可能性は低いです。でも所有権ではないので、金融機関の融資がおりにくいそうなのです。

おりたとしても、地上権の直近の契約終了期限までしか返済期間が設定できない（例えば現契約の満了が２０３０年ならば、２０２３年に借りると返済期間はわずか6年強）ため、融資総額が少ないそう。となると、現金買いの人以外は難しいでしょう。ローンがつきにくい＝買える人が限られる＝需要が少ないため、価格が安くなるのです。

さらに、この項で挙げた①〜⑥すべてが、やはり銀行の融資がつきにくい「旧耐震」の建物でした。宮城県沖地震（１９７８年）を受けて建築基準法は改正され、１９８１年６月から、より厳しい「新耐震」基準になりました。その前に建てられた「旧耐震」の建物は、関東大震災級の地震に見舞われた場合、大きく損壊する危険性があります。

旧耐震でも融資してくれる金融機関はあります。ノンバンク系などは貸してくれるらしいですが、審査は厳しく、融資額が少ないかもしれません。旧耐震のマンションでは、全期間固定金利の住宅ローン「フラット35」が使えるかどうかが判断基準になるそうです。

旧耐震でも耐震補強工事をしていれば耐震性は増しますし、ローンもつくことがあります。また、壁式構造（柱と梁の間に鉄筋コンクリートの構造壁がある団地型の建物）は構造的に耐震性に優れており、基準をクリアしていればフラット35の対象になります。さらに耐震診断をして一定の耐震性が認められれば「耐震基準適合証明書」を取得でき、住宅ローン控除も受けられるとのことです。

まさかローンが組めるかも？
欲から目を覚まさせた占い師の言葉

古い物件は融資がつかない、融資がつく物件は高すぎる

不動産仲介業者のベテラン営業マンT氏には、その後の約3週間に2回、計4軒の内見に連れて行ってもらいました。この間、私は毎朝毎晩ネットで、新着物件や値下がり物件がないか、それこそ目を皿のようにして探しました。ですが、真剣に「自分が住む物件」として見るようになって2週間ほどで、私は気付いてしまいました。私の予算で、買いたい・買えるような物件なんて、私の希望エリアには存在しない、という事実に。

「100％理想の家なんてない」と言われます。不動産は何かを妥協しなくちゃ決められない、と。それは承知していますが、私が想定した2000万円台（いつの間にか、2000万円「まで」が2000万円「台」に上がっていました、苦笑）では、そもそも、私の希望エリアには物件が存在しないのです。

予算の2000万円を2500万円にしたところで、背伸びをして3000万円まで頑張ってみても同じです。もともとファミリー層向けの70㎡超などの大型物件が多く、単身者や二人暮らし向けの小さい部屋が少ない街なのです。築浅どころか、新耐震（1981年6月以降完成）まで広げても、面積が広いので価格が高く、手が出ません。

私の予算で購入できる物件は古く、駅から遠く、あまり良くない立地です。旧耐震の徒歩18分とか24分とかで、無駄に広すぎ。でも古いので銀行融資はつきません。融資がつくような新しい物件は私には高すぎます。ということは……結局、買えないんじゃん！　ローンが組めると聞いて、あれだけ舞い上がったのに。……がっくり、です。

前に話を聞いた別の不動産業者の言葉が脳内に蘇（よみがえ）ります。「不動産は本気で探すと3カ月で必ず決められる。もし3カ月で物件が出なかったら、それは設定した条件の何かが間違っているからだ。予算か、エリアか、広さか。何か条件を変えないと、一生、物件には出合わない」と。このままでは私は、買いたい物件とは永遠に出合えないでしょう。

銀行がお金を貸してくれる？

そこへ、朗報です！　不動産業者のT氏が、前年まで3年の確定申告の内容で、私に貸してくれる、という太っ腹なＸ銀行を見つけてきてくれました!!　Ｔ氏の力業もさることながら、Ｘ銀行の担当者さんがチャレンジャーなのでしょう。

しかも、かなり高額です。２４００万～２５００万円を、変動金利０・７～０・８％で借りられそう、とのこと。80歳完済ですから、返済期間は22年です。すごい！

ただし物件に条件がつきました。「50㎡以上」「１９７５（昭和50）年以降築」。

「なるべく新耐震がいい。旧耐震でも75年以降ならなんとかなるかも。でも保証会社が物件を審査してダメだと融資はおりないし、古い物件は金利が上がるかもしれない」と、Ｔ氏。残念ながらこの段階で、ピックアップしていた物件はすべて消えました。いずれも、価格は融資上限より安いけれど、75年以前築の古い物件だったからです。

でも、銀行が２４００万～２５００万円を貸してくれるのなら、選ぶ物件は変わってきます。総予算が２０００万円台と思って探していましたが、頭金を入れれば３０００万円台前半まで上げられます。３０００万円の大台を超えると、築年は新しくなります。

もしリノベーションで内装を刷新するなら、その費用も融資に含めて、物件価格＋リノベ費で３０００万円まで大丈夫とのことでした。１５００万円の物件を買ってリノベに１０００万円かけるのもアリだそうです。夢が広がります。

さらに２０２３年春の確定申告次第では、融資額が３０００万円を超えられるかも、とのことでした。T氏によると、例えば諸経費と頭金で900万~1000万円の自己資金があれば、2800万円を銀行から借りて3480万円の物件が買える計算です。これで月々の返済は月約11・5万円。融資額が増えれば返済も増えますが、3000万円を借りても返済は月12万円超。管理費や修繕積立金は月3万円ほどですから、月15万円程度の住居費です。年払いの固定資産税を足しても、いまの家賃より安くなる計算でした。

せっかく予算が上がっても、B駅、C駅だけでは、ファミリー層向けの物件しか見つかりません。エリアを変えることにして、駅を広げました。実家の近くへの住み替えが目的の一つだったので、実家からあまり遠いと意味がないのですが、仕方がありません。

D駅にも広げたところ、すぐに、その物件——D駅徒歩4分2LDK53㎡3140万円——を見つけました。

予算オーバーですが、信頼できる大手リフォーム会社がフルリフォームしていました。2023年2月の最終日曜、T氏の案内で内見しました。

窓は北東向きですが朝日が差しそうでしたし、2階だけど目の前は小道なので近隣のマンションやビルの人と目線が合う心配もありません。自己資金は、株や投資信託を売るつもりでした。駅徒歩4分なので、ローンが終われば賃貸に出しても借り手がつくでしょう。パーフェクトじゃないけれど、妥協しようと思いました。短期集中で頑張って探したので、疲れてもいました。もうここに決めちゃおう、あとは銀行次第だ——そう思った時です。ふと、占い師のことを思い出しました。

「想定外」のストッパー

占い。みなさんは信じますか？　私は、こと不動産や家相については信じます。しかも、不動産に詳しい、よく当たる占い師を知っているのです。占い師——O先生とします——は50代、自身も不動産投資をしています。一般論としての方位的な善し悪しだけでなく、アストロダイスや周易という占いで、物件ごとに地形や周辺環境を見てくれます。

何を隠そう、いま私が住んでいる賃貸マンションは、「住むと運気が上がる」と占いで指定されたエリアで探し、「この部屋が良い」と言われて選んだ部屋です。前の賃貸物件の時に悩まされていた仕事上のトラブルは、ここに越してからなくなりました。

——という経験があるので、予算的・物件的にこれなら行けるとなった時に、O先生に占ってもらうのは、私にとっては必須でした。仲介業者のT氏には、購入希望の申し込みを出すのをいったん待ってもらい、物件情報をO先生に伝えました。結果は——「絶対ダメじゃないけれど、苦労する」とのお見立て。ダメだ、ストップだ。やめました。

占い師からは「川や墓や寺社や総合病院の近くの物件はダメ」と言われていました。成長とは真逆の、人の死に絡む場所は避けたほうがいいから、と。特に墓や総合病院からはなるべく1㎞、最低でも500mは離れなさい、との見立てでした。賃貸で短期間ならまだしも、購入してずっと住むなら、影響の強い土地や周辺環境は重要だそう。D駅徒歩4分の物件は、この法則では問題がなかったので、私との相性が悪かったのでしょう。

「決算期前」の下心

占いで購入話が流れたのは、さすがにT氏でも初めてだったに違いありません。すごくがっかりした様子でした。

すみません、とT氏に謝りながら、実は私はほっとしていました。やっぱりダメだった、申し込みを入れる前で良かった、と。なぜって、O先生にメールで問い合わせている間に散策したD駅前の雰囲気が、気に入らなかったのです。同じ沿線なのにB駅やC駅とは全然違って、あまり柄がよくないというか、なんとなく暗い印象を持ちました。

これも「不動産あるある」ですが、不動産業者の車に乗せてもらって、物件を見に行くのは危険です。車で連れて行かれると効率的ですが、街のことを肌で知る機会を逃します。

駅前の雰囲気や、駅から物件までの道を確認しないと、その街に住みたいと思えるか、住んでいいかの判断ができません。ですから、私はいつも、事前に駅から物件までの道を確認しておくか、駅から徒歩で行って現地で不動産業者と合流するようにしています。

ところが、この日、このD駅前の物件に限っては珍しく、T氏の車で向かい、駅前の雰囲気をチェックしなかったのです。もう一つの物件（B駅徒歩16分の1LDK72㎡、2780万円）を内見した後で、D駅前の物件に転戦したためです。

しかも、つい欲が出ました。

ときは2月下旬。3月末の決算期を前に、業者は売り急ぎ、指し値に応えて価格を下げてくる可能性がありました。銀行も期末で、今年度の融資実績を稼ぐために、無理筋の融資を通してくれるかもしれません。そんな下心が、本当にこの物件でいいの？　という冷静な心の声をかき消して、「決めちゃおうか」と思わせたのです。

でも、占い師O先生に「ダメだ」と言われて目が覚めました。だって、「絶対ここがいい」と気に入った部屋でもなければ、この街に住みたいと思った駅でもなかったのですから。年度末に急遽（きゅうきょ）1件成約が増えるかもと、ぬか喜びさせたT氏には気の毒でしたけれど。

この物件を境に、いよいよ私は悩み始めました。手段と目的がすり替わった気がしたのです。何のために家を買うんでしたっけ？　そもそもは経済的な負担減のために引っ越したくて、ならば高齢で独り暮らしの母の近くに住もうと思ったのでした。

賃貸から始めた家探しなのに、どうせ引っ越すなら、買えるなら買いたい、気に入った部屋があれば、とエスカレート。いつの間にか、買う前提の予算ありき。あれも諦め、これも諦めして、好きでもない街の、気に入ってもいない部屋を選んでしまうところでした。

物件探しは、恋愛に似ている

しかも本当は、D駅前の物件は、間取りにも満足していませんでした。

この間、リフォーム物件を見れば見るほど、「これは私が住みたい部屋じゃない、私の部屋じゃない」という感覚が膨らんでいました。リフォーム業者が狙うマス層と、私のニーズが合わないからです。

業者は、なるべく売りやすいよう、買い手の多いファミリー層を狙います。子どもがいる家庭を想定して、子ども部屋を作り、2LDKや3LDKにリフォームします。

でも、私のような単身者には使い勝手が悪い間取りです。同じ50〜60㎡でも、私にとっては「広いリビング」＋「狭い寝室（できれば和室）」＋「物置部屋（DENか納戸）」が理想的です。でも、たいていのリフォーム後物件は、私には広すぎる寝室＋狭すぎる収納＋そこそこのリビングです。寝室と納戸の面積を減らして居間を一点豪華主義にしてほしいのに。風呂や洗面所の仕様もそうです。独りですが洗面所はゆったりしたい代わりに、シャワー派なので風呂は小さめの１２１６（賃貸での標準サイズ）で構いません。つまり、せっかくのリフォーム済み物件なのに、さらにリフォームしたくなってしまうのです。

そこで思い出すのが、リフォーム業者の話です。「リフォーム済み物件を買って、こだわりのあるところだけ、自分好みに部分リフォームをする人がけっこう多いです」と言ってました。その気持ちが、よーく分かります。でも、「リフォーム後リフォーム」は気が進みません。ＳＤＧｓだ地球環境だという時代に、そんな無駄をしては心が痛みます。未使用の設備や壁を壊すなんてもったいなさ過ぎ。それよりも、最初からリフォーム前物件を狙って購入して、間取りや仕様を自分好みに改装したいです。

というわけで。銀行を捕まえてきてくれたＴ氏の熱意と努力に報いて、Ｔ氏のところで物件を買いたい、と思っていたのに、早くも私の心には隙間風が……。

ああ、物件探しは恋愛に似ています。あれだけ熱をあげていたのに、一つ上手くいかなくなると、だだだっと総崩れ。すっかり気持ちが冷めてしまったのでした。

定年前が「購入適齢期」？
リフォーム系不動産業者へGO

リフォームマンションがお薦めな5つの理由

占い師にダメ出しされる前、マンション購入は不動産仲介業者のT氏に一任するとぬかしたモトザワですが、一方で、何年も前からずっと、リフォーム系不動産業者のメルマガを愛読していました。「自分好みのアレンジ」「いっぷう変わった間取り」が好きで、複数のリフォーム系業者のサイトを見ては「私ならこんな部屋がいいな」と漠然と妄想。中古マンションを買うならリフォームしたい、というのが、かねての願望でした。

なので、「アラ還独身フリーランサー女の老後の住まいチャレンジ」を始めることになってすぐ、リフォーム系仲介業者2社の、セミナーと個別相談会に申し込んでいました。

「賃貸のリスクは、追い出されるリスクです。長生きしても、ずっと住み続けられればいいのですが、大家の都合で立ち退きになる可能性があります。実際に、アパートを解体して更地にするからと、立ち退きさせられた例がありました。まだ若ければ次が借りられますが、年をとると入居を断られます。80歳を超えたら貸してもらえず、路頭に迷います。賃借人は、働いていて収入があって健康でないと、立ち退きリスクに対応できません」

こんな、アラ還には空恐ろしい話を聞いたのは、A社主催の、女性のためのマンション購入セミナーでした。確かに賃貸で、80歳を超えてから退去を求められたら困ります。URがあるとはいえ、先述した通り、すぐに空きが出て入居できるとは限りません。

講師は、A社の社員で宅地建物取引士の営業ウーマンM氏でした。30代前半の若さで、大手不動産会社から転職してきたそうです。自信あふれる雰囲気で、ハキハキと明るく、購入を迷っていたセミナー参加者の背中をぐっと押します。賃貸ではなく購入を考えた時、なぜ中古マンションのリフォームがお薦めなのか、M氏は5つの利点を挙げました。

①街の選択肢の広さ。新築物件は出てくるエリアが限られます。特に都心など「好立地」ではなかなか出ません。でも中古なら過去数十年分のストックがあるので、新築が出にくいエリアでも、売り物件が出る可能性があります。

②管理状態を確認できること。「マンションは管理を買え」とよく言われます。新築だとこれから管理組合を形成して運営しなくてはいけませんが、中古ならすでに運営中です。

建物の維持補修状態を見れば、適切な管理がされているかも確認できます。

③内装や間取りの自由さ。新築は決まった間取りしか選べません。でも中古なら、自由に間取りを変えられます（管理組合が制限を定めている場合もありますが）。古くなれば、いずれ水回りや住宅設備を取り替える必要が出ます。中古で購入した時に間取りも変えてしまえば、自分の理想の暮らしにぴったりの、世界に唯一の部屋が作れます。

④財布にやさしいこと。新築に比べて中古は安いです。特に最近は建築資材と人件費の高騰で新築価格は高騰しています。リフォーム費を払っても新築よりお買い得です。

⑤住み替えしやすいこと。住宅は「一生に一度の買い物」で、一度買ったらずっと住み続けると思いがちですが、ライフステージに合わせて買い換える選択肢もあります。ライフスタイルや家族構成が変わったら、我慢せずに住み替えてはどうでしょう。その際、金額の安い中古のほうが財布にもやさしく、住み替えしやすいでしょう。

いずれも、もっともな理由です。私も同意見です。そして、A社の場合、顧客一人ひとりに専属の担当者がつき、暮らし方の癖や好み、理想を聞き出し、どんな家がいいのかを一緒に決めてから物件を探すそうです。ただ、すべての顧客がリフォームするのではなく、市場に出ていたリフォーム済み物件をそのまま買う人もけっこういるとのことでした。

参加者から「女性ならではの購入時の注意点」を聞かれて、「特に男女で違いはありませんが」としながら、M氏は答えました。一般的に、部屋を買う時は、そのエリアを昼と夜に見に行って確認したほうがいいこと。ライフスタイルの変化について考えておくこと。「ずっと1人なら35㎡の部屋で良いけれど、2人になるかもしれないと考えて、もう少し広めの部屋を選んだ女性もいました」

中高年ならではの購入とローンの注意点

確かに、若い独身女性は、将来ライフスタイルが変わるかもしれないのに買っていいのかと迷うでしょう。独身時代に買った単身者用の部屋は、結婚や出産で家族が増えたら、手狭になります。であれば、「賃貸に出した時に借り手がつく」ように、借りたくなる魅力的な物件を買っておけばいいと、私は思います。家族が増えたら買い換えるより、元の部屋は賃貸に出して、夫婦は別の賃貸に住む、または新たに2人で購入すればいいのです。

でも、年齢的な問題はどうでしょう。マンションセミナーはたいてい、30～40代のバリバリ現役働き盛りの人が対象で、彼女ら彼らは35年ローンを組めます。でも、ローンは「完済時80歳」です。50代なら、ローン返済期間は「80引く自分の年齢」で、20数年しかありません。返済期間が短ければ、月々の返済額が増えます。収入に占めるローン返済の割合は3割（年収によっては2割5分～4割）までですから、返済額が増えれば融資額は減ってしまいます。私のようなアラ還で、そこまでしてマンションを買う人がいるでしょうか。

この点をM氏に聞いてみました。すると、私より少し年上でもマンションを買った独身女性がいたと教えてくれました。きっかけは定年だそうです。「定年後は社宅を出ないといけないからと、家を買う女性がいます。社宅だった分、頭金は貯めていますから」。社宅も家賃補助も会社を辞めると当然なくなり、定年後の家賃は全額自腹になります。それを見越して、定年を機に、賃貸派から購入派になるのだそうです。

「終の住処として、住みたかったエリアに古めで小さめのマンションを買った女性もいました。彼女は生涯、その家に住んで、住み潰すと言っていました」

会社員にとって定年前は、ローンを組んで終の住処を手に入れるにはちょうど良い時期、「マンション購入適齢期」ということです。

ローンは借りられるのでしょうか。アラ還が融資してもらえるかと聞くと、M氏は大丈夫と言い、「最悪、フラット35なら借りられると思います」。フラット35は、長期に借りられる固定金利の住宅ローンで、持ち家促進のための国の施策です。耐震性能などの条件でフラット35を満たす物件ならば、銀行の融資もおりるはずだとM氏は言います。

さらにM氏のA社なら、リフォーム代も含めて銀行の住宅ローンが借りられる、と話しました。一般的に、中古マンションを購入して、あとで自分でリフォームする場合、リフォームローンは金利が高かったりします。そのためリフォーム資金を、手元資金として別に取っておく人もいます。でも一括で借りられるなら、リフォーム資金を残しておく必要はありません。リフォームありきの人にとっては助かります。

「むしろ注意するべきは、年齢よりも健康です」とM氏は指摘します。「なかなか良い物件が見つからないと迷っているうちに、病気が見つかっちゃって、『団信』に入れなくなった方がいます。団信に入れないとローンが組めず、結局、彼女は購入自体を諦めました」

ローンを組むには「団信」と呼ばれる生命保険（団体信用生命保険）に加入する必要があります。団信は、ローン返済中に契約者が亡くなるなどで返済不能になった場合に、ローンの残債を肩代わりする保険です。契約者に持病があると団信に入れません。だから、買うなら早く、健康なうちに。「いつまでもあると思うな、その健康」なのだそうです。

もちろん現金一括買いならば、何歳になっても、どんな属性でも、不動産は買えます。でも、低金利で長期間借りられる住宅ローンという「レバレッジ」を効かせられないなら、購入するうまみはあまりないでしょう。物件を管理する煩わしさが増えるだけです。

現金が潤沢にあるならば、むしろ賃貸のほうが気楽でいいかもしれません。現金は手元に貯めておき（投資信託などに投資してもいいです）、最後に「終の住処」である民間の有料老人ホームに入る時の入居一時金に充てるのです。入居一時金は、マンション並みの2000万～1億円以上も必要ですから。

セミナー後、M氏が私の担当者になりました。なぜ、いま、購入しようと思ったのか、どんな住まいが理想か、いろいろ聞かれました。「理想の暮らしぶり」「理想の住まい」「これからのライフスタイル」――漠然と描いていたものが質問されて彫琢（ちょうたく）され、より具体的になっていきます。もちろん、先方は「買わせるため」です。乗せられちゃいけないと思いつつも、「買えるなら」「どうせ買うなら」「どうせなら」「せっかくなら」と、どんどん理想は膨らみ、要求も増えていきます。つられて予算も上がります。ああ、これぞ資本主義。銀行ローンがつかなければ、すべては夢となってポシャるのですけれど。

「72歳単身の個人事業主の女性が買いましたよ」

もう一つのリフォーム系不動産仲介業者B社は、ショールームで、いきなり個別相談でした。こちらの担当者は30歳前後の男性I氏でした。夫婦ローンも親子ローンも使えない、「57歳独身子なしフリーランサー女性」の私が住宅ローンを組めるのか、「アラ還でもいいのか」問題を聞きました。答えはやはり「大丈夫」でした。

50代でもローンがおりた実績が過去にあるとI氏は言います。「80歳完済なので借入期間は短くなりますけれど、年齢よりも、銀行が気にしたのは『健康』でした」と、M氏と同じ説明でした。銀行が健康状態のほかにチェックしたのは、会社員かどうかという属性ではなく、過去の資産状況や借金、将来の年金額だったそうです。

賃貸か購入かを迷っていると話したら、I氏は実例として、「72歳の個人事業主の女性が買いましたよ」と教えてくれました。彼女は子どものいない「おひとりさま」で、いつか買おうと思いつつも、ずっと賃貸族だったそうです。でも都内のいまの部屋の家賃が上がり始め、将来もっと上がるのではないかと不安になったそうです。そのまま家賃が上がり続けると、亡くなる前に貯蓄が底をつくかもしれません。安い賃貸に住み替えるか、いっそ購入するか。考えた結果、買うことにしたと言います。

「購入すれば家賃のように『掛け捨て』ではなく、自分の所有物になります。例えば80歳で老人ホームに移ろうと思った時、購入して住んでいた物件を売れば、施設の入居一時金になると計算したそうです」。考えることはみな同じですね。

いま日本人女性の平均寿命は約88歳、健康寿命は約75歳です（厚労省による）*。つまり女性が自宅で健康に過ごせるのは75歳頃までで、その後の12年強は施設や病院で介護や看護を受けるのが平均的です（もっと長生きするリスクもありますが）。子のない単身者の場合、最後の12年強を施設で過ごすための資金も、自分で準備しなくてはいけません。

「リ・バース60」は絵に描いた餅？

I氏には、最近、テレビCMでよく見かける「リ・バース60」についても聞いてみました。余貴美子が「60歳からの住宅ローンはリ・バース60」「毎月のお支払いは利息のみ」と宣伝していると言えば、あああのCMかとピンと来るのでは？

これは、リバースモーゲージ（所有不動産を担保にお金を借りる融資）の仕組みを応用したローンです。自分の住む家を、買ったりリフォームしたりする資金を銀行から借りる時、不動産を抵当として差し出し、契約者の死亡時に銀行が売却して、貸した分を回収するというスキームです。

死後に自分の家を手放す約束のもと、死ぬまで毎月、賃貸の家賃感覚で、利息だけを銀行に払い続けます。予定より長く生きれば元の所有者＝居住者に得で、短いと銀行が得をします。相続人がいるともめますが、私のような独身の子なし、つまり残すあてがない人間にとっては、むしろ死後の遺産整理を任せられて楽だとも言えます。

三井住友銀行などは、50歳から「リ・バース60」が使えます。このローンで、中古マンションを購入してリフォームすることはできないのでしょうか。I氏いわく、

「使えないことはないですが、中古マンションの場合は、けっこう多額の自己資金が必要になります。物件価格の5～3割です。例えば物件価格が4000万円なら2000万円とか用意しなくちゃいけません」。一戸建てならば土地の評価額がありますが、中古のマンションは担保価値が低いからでしょう。

テレビCMでは老後の住まいの購入や買い換えにも使えると謳っていますが、実際には、担保価値（資産価値）の高い土地に、古くなった一戸建てを持っている人だけが、その建物をリフォームしたり建て替えたりするのに使えるのでしょう。中古マンションは担保価値が低いですから、融資枠が小さく、結果、多額の自己資金が必要になるわけです。残念。「絵に描いた餅」でした。どうやら、普通の住宅ローンしか、借り先はないようです。

でもモトザワの場合、心配しなくても、普通の住宅ローンが借りられるんじゃないか、

＊日本人女性の平均寿命は87・57歳（2021年）、健康寿命は75・38歳（2019年）。

とI氏は言います。アラ還のフリーランスなのに。さらに、手持ちの資産のうちの何か（金融資産か投資用不動産）を処分して頭金を増やしても、老後資金はショートしないのではないか、頭金を増やせば融資額が抑えられるので、そのほうがトータルで見たら得かもしれない、とも提案されました。

新築マンション価格、23区平均で2億円超！

今回、私個人のマンション購入の検討では、リフォーム系不動産会社はA、Bの2社だけに行きましたが、ほかにもリフォーム系の不動産仲介業者はたくさんあります。

例えば、無印良品は、URとコラボしたフルリフォーム物件「MUJI×UR」を発表するなど、マンションのリフォームに力を入れています。MUJIの収納家具を取り入れたシンプルな間取りは、特に若い世代に支持されているようです。

ほかにも、都心で「好立地をフルリフォーム・リノベーションする」と謳うリフォーム系不動産仲介会社は、特にここ数年、急増しているように感じます。

背景には、日本の住宅ストック事情があるでしょう。住宅は全国にいま約6240万戸ありますが、戦後に整備されてきたため全体的に老朽化しています。国交省によると、分譲マンションは２０２１年末現在で約６８５・９万戸。うち１９８１年６月より前に建築された「旧耐震」基準のストックは約１０３万戸もあり、築40年以上のマンションが１１５・６万戸、築30年以上でも２４９・１万戸に上ります。これらの老朽化マンションの耐震化を含む長寿化、または建て替えを、国も課題としています。

でも建て替えはハードルが高く、既存ストックを補修しながら有効利用するほうが現実的でしょう。鉄筋コンクリート（ＲＣ）や鉄筋鉄骨コンクリート（ＳＲＣ）の寿命は、税制的には47年ですが、物理的には１００年以上と言われますから（日本ではＲＣやＳＲＣの歴史が浅くて実証できていませんが、ヨーロッパでは余裕で１００年以上もっています）。

古いマンションは、空室になった時にリノベーション・リフォームを施せば、長く住み続けられる優良なストックになります。マンション全体の耐震化は管理組合で取り組まなくてはいけませんが、住戸内の設備は各戸が個別に更新できます。古いマンションほど好立地なので、リノベーションで耐震性を増したり、リフォームで間取りや設備を最新式に刷新・改装したりすれば、新築よりも価格が抑えられる分、魅力的かもしれません。

今回、本気で物件を探してみて、「リノベーション・リフォーム済み」を謳う物件の圧倒的な多さに驚きました。築20年を過ぎてリフォームしないまま売りに出ている部屋は本当に少ないです。新築物件の価格高騰が中古市場の人気を高め、不動産ストック全体の老朽化が中古のリフォーム需要の増加につながっているのでしょう。

その新築マンションですが、平均価格は上がるいっぽうです。首都圏（1都3県）で2023年3月に発売された分譲マンションの平均価格が、ついに、月単位で初めて1億円を超えました（不動産経済研究所が同年4月に発表）。平均1億4360万円でしたが、即日完売物件もあり、初月契約率は79・5％と、売れ行きも好調です。

しかも、東京23区に限ると、同月の平均価格はなんと2億1750万円！　都心に大型で高額の物件が多く供給された月だったとはいえ驚きです。同研究所によると、年間でも、2023年の新築マンションの平均価格は首都圏で8101万円（前年比28・8％増）でした。3年連続過去最高を記録し、バブル期の1990年（6123万円）を22年に超えました。東京23区は、23年の平均価格は1億1483万円（同39・4％増）。生涯年収約3億円とされるサラリーマンが、その3分の1以上をつぎ込まないと買えないレベルです。

いったい、誰が買うのでしょう。外国人投資家が投資するとか、夫婦共働き高所得のパワーカップルが買うとか聞きますが、東京にどれだけ富裕層がいるのでしょう。

一般的に、年収の7倍が住宅ローンの融資上限と言われます。また、購入時には諸経費が物件価格の1割ほどかかり、頭金として1割は入れなければなりません。つまり、23年の首都圏の平均的な新築物件、8101万円を買えるのは、自己資金（現金＝諸経費＋頭金）で約1620万円を持っていて、約7290万円の銀行融資が受けられる年収1040万円以上の人だけです。それだけの頭金を用意すると考えるだけでもくらくらします。

いっぽうで、日本人の平均年収は約433万円です（2020年、国税庁の「令和2年分民間給与実態統計調査」から）。男女賃金格差があるため、女性の平均年収はさらに低い約293万円。多くの単身女性にとって、首都圏で新築マンションを買うのは遠い夢。マンションが欲しいなら、比較的値頃な中古を探すか、地方に移住するしかありません。

「あこぎな」中古マンションの発掘・買い取り

女性に限らず、多くの都市労働者は似た状況でしょう。新築より安い中古物件に関心が集まるのは自然の流れです。おかげで中古価格も上がり、せめて間取りや設備は最新式をと求める消費者に応えてリフォーム業者が花盛りとなる——という循環でしょう。

ただし、リノベーション・リフォームの質はピンキリです。ちなみに、リノベーションとは、内装をすべて取り去って躯体に戻し、床スラブや壁の補修・補強や、ガスや水道の給排水管の交換・改修をしてから内装を新しく造り直す工事。リフォームは、躯体はいじらずに、クロスや床など表面的な内装の交換・補修、バス、トイレ、キッチンなど住宅設備の交換・刷新をする工事のことです。両者を混同している表記や業者も多々目にします。

大家業で知り合った、ある不動産業者に聞いたところ、例えばフルリノベーション済みと謳う物件の中には、適切な勾配をつけずに水回りの位置を変えたり、室内の古い給排水管の交換をしなかったりと、のちの水漏れ事故につながる不適切な改修をした部屋もあるそうです。でも、床を張ってしまった後では、床下の配管の具合は確認できません。ぱっと見はきれいな内装ですから、買う側は、粗悪な施工かどうか判別できません。

また、リフォーム業者による「あこぎな」中古マンションの発掘・買い取りもあるようです。所有者がまだ売る気のなかった物件を、「すぐ現金化できます」という謳い文句で、市場価格より3〜4割も安く買い叩くのです。そして、安く不適当なリフォームを施して、相場か少し高めの金額で市場に出し、買いでも売りでも儲けます。いずれ、こうした粗悪リフォーム物件や悪徳リフォーム業者が社会問題化するのではないかと危惧します。

リフォームの質を担保する意味では、リフォーム系不動産仲介会社は安心でしょう。物件を購入して工事をしてもらいますから、施工も途中経過も買主がチェックできます。少なくとも不適切なリノベや粗悪なリフォームは避けられるでしょう。

老後のお金のこと、今更ながらプロに相談した

家を確保する意味は「安心感」

老後の住まいへの心配から始まった私の「住み替えクエスト」ですが、ノリと勢いで、マンションを買うことになっちゃってますね。しかも予算はどんどん膨らんでいて、当初2000万円以内の想定が、はっと気付けば3000万円超です。あちゃ〜。

でも、そもそも私は、いくらまで借りていいのでしょう。銀行の融資枠ではなく、自分の老後資金計画の話です。ローン以前に、マンションを購入できるほど老後資金に余裕はありましたっけ？　生涯設計から見たら、賃貸のほうがお得じゃないですか？　ローンを借りられるとして、いくらまでなら将来の生活が破綻しないのでしょう？

本来、住宅の購入を考えるなら、最初に検討するべきところ、順序が逆になってしまいました。遅ればせながら、改めて、お金について考えます——というわけで、お金のプロ、

ファイナンシャル・プランナー（ＦＰ）に老後の資金計画を相談しました。

今回、私の相談に乗ってくれた、男性ＦＰのＹ氏は、不動産仲介業者が紹介してくれました。こんなサービスも最近はあるのです。ふつう、個人でＦＰに資金計画を相談すると相談料を取られますが、不動産業者を介したら無料！　でした。しかも、ＦＰとの相談内容は、守秘義務があるとかで、業者にも内緒だそう。ＦＰは中立の立場から、「買わないほうがいいか」の検討も含めて診断してくれる、との触れ込みでした。さて実際は……？

Ｙ氏は、見た目30代後半のイケイケ自信家ふう。妻と共働きの、いかにもパワーカップルでした。そのＹ氏が最初に指摘したのは、自宅マンションを購入することの意義でした。「マンション購入でみんなが一番考えるのは、これでずっと住む家を確保できる、という安心感です」

特に私のようなアラ還は、将来の賃貸の更新が可能か、何歳まで住み替えできるか、という不安があります。でも、「とりあえず確保」しておけば、老後に路頭に迷う心配をしなくてよくなります。不安の種が一つ減るのは、ＱＯＬ（生活の質）として大きな利点です。さらに「掛け捨て」の賃貸と違って、購入したら資産になります。買い換えたり賃貸に出したりできますし、老人ホームの入居金にも充てられます、とＹ氏は説明しました。

その通り。自分の不動産ならば、老人ホームに入る時に売って入居金にするか、または人に貸して月々の施設費に充てるか。そうできると、私も計算していました。現実的に、特養は常に定員が満杯です。老人ホームなど高齢者施設は、良いところはけっこうお高いです。会社員だった人でも、年金だけでは月額使用料の満額を賄えないでしょう。例えば、父が生前に入っていたグループホームは、毎月30万円近くかかりました。年金で足りない部分は貯蓄を削るしかありませんが、家賃収入があれば貯蓄を削らずに済みます。

生活費を確認し、シミュレーション

Y氏にはまず、私の資産状況を明かしました。いま現金でいくら持っており、その他の金融資産（株、債券や投資信託、ｉＤｅＣｏ〈個人型確定拠出年金〉、暗号資産など）や不動産にどれだけ投資しているのか。また、「ねんきん定期便」で事前に調べておいた、老後の年金額も伝えました。国民年金と、厚生年金、それに会社独自の企業年金を合わせた金額です。さらに、生命保険で契約している個人年金（確定年金）の金額も。

幸いなことに我々アラ還世代は、若い頃にバブルで高金利だったので、生命保険に入っている場合、けっこう高利回りで資産が増えています。終身生命保険の場合、払済（保険料の納付が終了）後は、死亡時に支払われる生命保険として持っておくほか、年金原資に替えて個人年金として受け取れる保険もあります。私の場合、一本だけ入っていた終身保険はすでに払済で、年金として受け取りたい時に、保険会社にそう告げればいいだけです。

Y氏には、生活費も聞かれました。今は月々、何にいくら支出していて、将来はどれくらい必要と考えているか。私の場合、会社員時代は稼いだ分は使ってしまう「大量生産・大量消費」型の、無駄の多い家計でした。でも、退職後に生活を見直して切り詰めました。コロナで会食が減ったこともあって、今は「筋肉質」の家計だと自負しています。家賃と、投資用の支出（毎月、iDeCoの他に積立NISAや積立投信もしています）を除いた月々の基礎的な生活費は、約10万円です。恥ずかしながら、大まかな内訳は以下。

食費	4万円
医療費	1万円
交通費	1万円
水道光熱費	2万円
通信費	1万円
交際費	1万円

右に挙げませんでしたが、実は、私の支出で飛び抜けて多いのは教養娯楽費です。新聞・本に1万〜2万円、お芝居・映画・コンサートに1万〜5万円と、月に計2万〜7万円も使っています。もちろん月によって増減します。コロナの期間は新聞代だけでした。

この教養娯楽費は、「老後の生活」でも、できれば削りたくありません。海外旅行よりも、ファッションや美容よりも、私にとっては重要な「潤い」です。あと、お金に余裕があるならば、若い頃から集めてきたアートや骨董も買い足したいところです。

こうした数字を聞き取ったうえで、Y氏は、老後の資金シミュレーションを、年100万円の教養娯楽費も組み込んで概算してくれました。その結果、長生きリスクを考慮しても、死ぬまで資金ショートは避けられそうとのことです。ほっと一安心。そのうえで、マンション購入に関しては最終的に、買う・買わない、2つの道を提示してくれました。

①ずっと賃貸で、行けるところまで行く。将来、80歳くらいになって借りられなくなったら、最後の家、または老人ホームをどかんと現金で買う（ちなみに、老人ホームは、月約20万〜30万円の施設利用料のほか、都内だと2000万〜5000万円の入居一時金がかかります。もちろんピンキリです）。→この場合、80歳までに「現金買い」ができるほどの資産を築けるかどうかが重要。

②いま住宅ローンを組んで物件を買う。将来、80歳くらいになったら、その物件を売って老人ホームの資金にする。↓この場合、購入物件は25年後にも売れる物件じゃないといけない。なので少々高くても、価値の目減りしにくい物件を買うべき。築年が古すぎず、新耐震で、所有権で（地上権は売りにくいので借地は避ける）、25年後の売却時に、買う相手もローンが組めそうな物件。↓そのためには、手持ち資産を取り崩してでも頭金を増やして、総予算を上げたほうがいい。予算を上げて、駅近で、築浅で、将来、売りたい時に絶対売れる物件を買うほうがいい。

——老後の資金計画が①賃貸でも②購入でも破綻しないならば、やっぱり②の買うほうに気持ちが傾きます。ただ、躊躇するのが「手持ちの資産を取り崩す」という部分です。「老後に資金がショートするのが不安なので、なるべくなら、金融資産は取り崩したくないんです」と訴えると、Y氏が言いました。「何のためのお金ですか？」。

お金は自分に使いましょう

「幸せになるため、ですよね？　幸せな老後を暮らすために、お金を運用するんですよね？　なのに、みなさん、その目的を忘れてしまう。稼ぐこと、お金を殖やすことばかり一生懸命になってしまう人が多いんです。もう殖やさなくてもいい年齢になっても、まだ支出を切り詰めたり、働いて貯蓄に回したり、投資をしたりして、もしもの時のために残しておこうとします。でも、もしも、って何ですか？　いつからが〝幸せな老後〟ですか？　いつお金を使うんですか？　もちろん、どのくらい残すかはライフプランから考えたほうがいいです。でも、お子さんもいないし、資産を誰かに遺すつもりじゃないですよね？」

はい。独身・子なしの長所でもあり短所でもありますが、老後を見てくれる人がいない代わり、遺すべき人もいません。自分の資産は使い切っていいんです。老人ホームや介護費用や、果ては葬式費用まで、自分のことは自分で賄いたいだけです。

「自分の資産は生きている間に使い切ってしまっていいんですよね？　でしたら、将来のための貯蓄や投資に回さないで、いま自分の家を買う頭金に使ってもいいじゃないですか。何歳かの時点で、投資は少しずつ手じまいをして、利回りは低くても、簡単な資産にポートフォリオを組み替えたほうがいいんです。そういう、ポートフォリオ全体から見て、貯めるばかりじゃなくて、お金を何で持ち、何に使うか、考えたほうがいいんですよ」

「70歳、75歳になってまで資産を殖やさなくちゃいけない、ってことはないです。70歳を過ぎて、お金を使わずに、ただ家に籠もる人生は楽しいですか？　楽しくなさそうですよね。資産はあるんですから、人生を楽しむことを考えましょうよ。自分のお金は全部使い切って亡くなりましょう。お金が足りなくなるのが心配なのは分かりますが、たぶん大丈夫です。そんなに資産を持っていたってしょうがないでしょう」

確かに、高齢になるほど、お金は使えなくなります。大きなお金を使うには体力が必要だからです。80代の母を見ていると分かります。海外旅行や、国内のリゾートですら、出掛けること自体が億劫になります。若くて、気力も体力も胆力もないと、どかんと使おうにも使えなくなってしまうのです。

「多くの高齢者が、資産を使い切るつもりって言いながら、使い切りません。何歳まで生きるか分からないからって、用心してつましく生きて、結局、けっこう残します。それは国に取られちゃう。もったいない。私はいつも言うんです。自分にお金を使いましょう、使い切るつもりなら、『この金額だけは必要』っていう以外のお金は使いましょう、って」

それこそが「幸せな老後の暮らし」

コペルニクス的転回、驚き桃の木です。「お金は生きてるうちに自分に使え」とは！

今まで、老後資金というと、貯めること、投資すること、殖やすこと、少なくとも減らさないこと、ばかりを考えてきました。ですが、Y氏の言うことももっともです。何のために殖やすのかといえば、長生きリスクに耐えるためです。耐えられるだけの資産が手元に確保できたなら、それ以上は、自分のQOLを高めるために、「いかに使うか」を考えたほうがいい、ガチガチに節約して投資に回し続けなくてもいい、だなんて。ならば、「崩すべからず」と思っている「虎の子」の金融資産だって、今後30年間の自分のQOLを高めるため、マンションの購入資金にいま充ててもいい、のでしょうか（まだ微妙に「なんとなくの不安」があり、すぱっと割り切れません）。

でも、甥姪ら親族に迷惑をかけることなく、最低でも、最後まで経済的に自立して過ごしたいです。そのための「これだけは必要」という金額は、どう計算するのでしょう。

Y氏いわく、「70歳になったら、もう新たな投資はしなくていいです。そうすると、いま毎月投資に回している分は浮きますよね。70歳を過ぎたら、逆に、それまで投資していたものを徐々に取り崩していきます」。具体的な老後の生活費として参考になるのは、国が「老後2000万円問題」の時に示した高齢者夫婦世帯の支出だと言います。

住居費込みで、夫婦で月約26・4万円でした（2019年6月、金融審議会市場ワーキング・グループ報告書「高齢社会における資産形成・管理」から）。収入との差額約5万円を貯蓄から取り崩すため、30年間で計約2000万円が必要だ、という試算でした。

私のように単身の場合、家賃または住宅ローンの返済を含めても、支出はここまで多くないでしょう。それよりも、「例えば、年に一度、ビジネスクラスで海外旅行に行くのはどうです？　その費用として年１００万円、余分にみておきましょう。こういうことにこそお金を使うべきです。そのために稼いで貯めてきたんですから」と、Ｙ氏は提案します。それこそが「幸せな老後の暮らし」じゃないか、と言うのです。

こうした贅沢(ぜいたく)費と生活費を合わせた総額が、老後の生活費として「必要になるお金」です。この額は、介護施設に入った後は施設代に充当されます。この金額と、厚生年金や個人年金などの収入を比べて、毎月の不足額、貯金の取り崩し額を考えるといいます。

Ｙ氏は強調しました。「将来の姿を考えることが大事です。将来像が見えてなくては、ポートフォリオは組めません。何にいくらお金を使いたいか、どんな暮らしがしたいか。老後の生活のイメージが湧くと、使う金額が定まって、どれだけ残せばいいかが分かり、ならば、いくらまで使ってもいい、と決められます」。

詳細なシミュレーション結果は後日ですが、ざっくりと分かったのは、マンションを買っても良いこと、その際は頭金を積み増したほうが良いこと、その頭金用に資産を切り崩しても老後も大丈夫そうなこと、でした。

平均年収293万円だと、いくらの物件が買える？マンション購入予算のシミュレーション

私には、いくらの物件が買えるのか？

では私の資産状況なら、いくらの物件まで買っていいのでしょう。

マンション購入予算をどう決めるのか、具体的な計算式でご紹介しましょう。

不動産融資の可能額を導き出す方法は、いくつかあります。a年収と金利・返済期間から、b月々の返済額と金利・返済期間から、c年収による銀行の査定から、d物件の担保価値から、の4手法です。が、dは投資用の指標のため、実住用（実際に購入者が居住する用）の住宅ローンでは関係ないでしょう。a〜cが主になります。

cは大まかな指標で、年収の7倍が融資上限とされます。会社員ならば源泉徴収票で、フリーランスなど個人事業主の場合は確定申告書の「所得金額」で、見ます。過去3年分を平均するか、最新の1年分で見ます（何年分を見るかは金融機関によります）。年収が平

均約４００万円ならば融資可能額は約２８００万円、同３００万円ならば融資上限は約２１００万円、といった具合の概算です。もちろん、実際の融資の可否や融資可能額は、物件や申込者など個別事情や条件によりますので、融資の審査に出してみないと分かりません。

ａとｂは表裏一体です。金利と返済期間が同じ時、年収から考えるか、月々の返済額から考えるか、です。家計に占める返済額の割合（返済負担率）から決めるのがａの年収と金利・返済期間から導き出す方法で、月額いくらならば無理なく返せるかと考えるのがｂの月々の返済額と金利・返済期間から導き出す方法、です。

実は、ごく簡単な計算シートがネット上にあり、そこから融資可能額が算出できます。銀行各社や、大手不動産仲介業者のホームページにもありますので、試した方もいるでしょう。ここでは、住宅保証機構株式会社の住宅ローンシミュレーションを紹介しておきます。https://loan.mamoris.jp/index.html

購入者の年収がいくらか、返済期間が何年で、変動金利か固定金利か、金利は何%か、といった数値を入れると、融資額を算出してくれます。返済期間が長いほど、また、金利が低いほど、多く返済できますから、多く借りられることになります。

その意味で最強なのは45歳未満の勤め人です。住宅ローンは80歳完済がふつうですから、最大35年の融資を引けるのは44歳までです。会社員や公務員の場合、源泉徴収票を基にローン可能額が確定できます。ただ、勤め人ではなく個人事業主だとしても、収入のある70歳未満の人であれば、女性でも男性でも、住宅ローンは融資可能だとされています（私も、この薄い可能性に期待して賭けるうちの一人です、苦笑）。

ちなみに、独身者はかつて住宅ローンが借りられませんでした。住宅金融公庫（現・住宅金融支援機構）が単身者にもローンの門戸を開いたのは１９９３年。それ以降もしばらくは、同居予定の「家族」がいることが要件でした（友人や恋人ではダメで、親きょうだいならＯＫ。購入後に住民票を移す必要がありました）。

バブル崩壊後、景気が悪くなるにつれて、銀行などは単身者にも住宅ローンを貸すようになりましたが、女性には相変わらず狭き門でした。すごい女性差別です。当時から２０１０年代まで、最も熱心に女性に住宅ローンを貸してくれたのが、かのＳ銀行でした（数年前に投資不動産詐欺事件の舞台となり、残念ながら、いまや不動産融資には以前ほど積極的ではないとの噂です）。

平均的な年収の女性Aさんの融資額は？

東京在住の会社員女性Aさんを想定して、融資額を試算してみましょう。年齢は私と同じ57歳、年収は東京の平均年収の約475万円とし、返済期間を80歳までの22年間とします。最も安い変動金利で借り、元利均等払いで返済することとします。

銀行の住宅ローンの店頭金利は2・475％などですが、実際にはさまざまな優遇金利が適用されて、ここから引き下げられます。優遇条件は属性などで変わってきますが、デベロッパー情報によると、会社員の場合は2023年春現在、変動金利は0・525％とのことでした（提携ローン付きの新築マンションはもっと低く、変動金利で0・345％でした）。この返済期間、この金利で、返済負担率を上限の35％で計算してみます。結果は、

借り入れ可能額　3453万円

月々の返済額　13万8522円

となります。

都内で独り暮らしをしている会社員の場合、月々14万円弱ならば家賃と同程度という人も少なくないでしょう。会社からの家賃補助分がないと計算すれば、むしろ家賃より安い人もいるのでは？　ただし、融資のほかに、物件価格の1割＋諸経費1割＝計約770万

円は自己資金で用意しておかなければいけませんし、毎月の経費としてローン返済のほかに修繕積立金や管理費も必要です。

でも、それらが用意できるならば、約３８３０万円の物件まで購入できることになります。自己資金をもっと積み増せるならば、その分、購入予算も増やせます。あと５００万円自己資金を足したら４３３０万円の物件まで買えることになります。

ところで、いまのシミュレーションで「返済負担率」という数字が出てきました。これは年収に占めるローン返済額の比率（返済年額÷年収×１００）です。年収によって上限が定められており、年収が高いほど返済負担率は高く設定できます。将来、ローンが払えなくなるローン破綻を防ぐために、この負担率の範囲内に返済額を設定することが、融資する側から求められます。年収ごとの返済負担率は以下の通りです。

年収４００万円以上　返済負担率35％以下
同　３００万～４００万円未満　同　30％以下
同　３００万円未満　同　25％以下

では、ｂの返済可能額から、Ａさんの事例をもう一度、考えてみましょう。

例えば、Ａさんがいま家賃10万円を払っており、それと同額を月々返済するとします。やはり金利は０・５２５％、返済期間を22年とすると、Ａさんの融資可能額は２４９２万円となります。年収に占める年間の返済額（返済負担率）は25・26％です。先述の通り、年収による返済負担率は「35％以下」ですから、まだまだ月の返済額には余裕があります。ですが、毎月返済額を15万円で試算すると、融資総額は３７３９万円となり、返済負担率は37・89％と上限を超えてしまいます。

全国平均の年収２９３万円のBさんの融資額は？

では、年収がもっと低かったらどうでしょう。女性の全国平均の年収２９３万円を稼いでいるBさんの場合で、融資額を試算してみましょう。この年収だと返済負担率は25％以下です。Aさん同様、会社員と想定して、金利を同じく０・５２５％、返済期間22年としても、融資可能額はぐっと減ります。

年収から導き出した借り入れ可能額と月々の返済額は、

借り入れ可能額　１５２１万円
毎月の返済額　６万１０１７円

となります。頭金と諸経費を、物件価格のそれぞれ１割ずつ（計約３４０万円）、自己資金として用意できたとしても、Bさんは約１６９０万円の物件しか買えません。

年収からローン額は決まってしまいますから、予算を増やすためには頭金を増やすしかありません。親の遺産や、元夫からの離婚慰謝料、死別した夫の生命保険など、まとまったお金がある人ならば、購入予算が増やせます。例えば、親の遺産が１０００万円あれば２６９０万円の物件が買えることになります。でも、親からの経済的な支援もなく（逆に親の介護にお金が必要になる年代ですよね）、結婚経験のない純粋シングルにとっては、なかなか厳しい現実です。

しかも、実際には、Ｂさんの金利はもっと高い可能性もあります。試算では、一番利率の低い「優遇金利」で借りられる会社員と想定して、Ａさんと同じ最低金利で計算しました。でももし、Ｂさんが会社員ではなく、派遣社員など立場が不安定だったら、ローンの金利はさらに上がります。結果、融資総額はもっと減ります。

残念ながら、融資の世界は弱肉強食で、お金持ちが優遇されます。医者や弁護士など高収入の人たちは、ふつうの会社員や公務員より、もっとお得です。でも勤め人も、フリーランスや非正規労働者に比べれば、ずっと有利です（勤め人の中でも会社によって違いが出るでしょう）。有利さ、つまり、不動産会社や金融機関から歓迎される度合いで言えば、

医者・弁護士＞公務員＞大企業社員＞その他会社員＞非正規雇用・フリーランス

となります。そのうえ、非正規雇用やフリーランスだと、貯蓄すら厳しい家計状態の人

も少なくないでしょう。そうすると、物件購入は夢のまた夢、かもしれません。

もちろん、探せば、安い物件もあります。首都圏を離れれば、県庁所在地でも数百万円で不動産が買える地方都市もあります。地方移住を決められるなら、それも良いでしょう。でも、そうまでして、なけなしの資産を住宅購入にあててしまうのは本当に賢明なのでしょうか。「住まい」を買うことでの安心感と幸福感と、一方で老後資金が足りなくなる不安。両者のバランスは、各人が自分の将来の暮らしを想定して、考えるしかありません。

ちなみに、家賃が年収に占める割合を、返済負担率と同じように考えると、Bさんの年収ならば家賃負担は年収の25％未満に抑えるのが望ましいでしょう。計算上、年収２９３万円であれば、月々６万１０００円の物件に住むのが健全な家計状態というわけです。

私の場合はどうでしょう。２０２２年の年収で今の家賃を計算したら、……なんとかギリギリセーフ！　でした。マンションを買わないとしても、少なくとも、もう少し家賃の安い部屋に住み替える必要がありそうです。

事故物件に要注意！「良いマンション」の条件とチェックポイント

「良い物件」とはどういう物件か？

予算が決まったら物件探しですが、購入してもいい「良い物件」とは、どんな物件でしょう。私は、経験則から物件のチェックポイントを作っています。

ちなみに、朝イチで新着物件を探すのが、私のルーティーンです。

これが、やめられない、とまらない。毎日のように、サイト側が、新着情報とお薦め物件をピックアップしたメールを送りつけてくれます。うれしい、でも苦しい。それが呼び水になって、つい、アットホームやホームズ、大手不動産仲介業者の「買う」ページを、2～3時間も見てしまいます。反省。これじゃ、ゲームがやめられないお子ちゃまと同じです。ああ、業者の思うつぼ。いつしかすっかり、買う気満々です。

毎朝、新着物件を、「エリア×金額×広さ」で絞って検索します。例えば、私鉄A線の

B～F駅まで、駅徒歩15分まで、広さ35㎡以上、上限金額X万円、などと指定します。検索結果を「新着順」に並べ、良さそうな物件を見つけたら、「買っていいと思えるかどうか」の詳細条件を確認します。その時の「良い物件かどうか」のチェックポイントは、私の場合、以下のⅠ～Ⅳの通りです（あくまでも私の場合ですが、ご参考まで）。

マンション全体の基本性能と運営をチェック

Ⅰ　まず、物件そのものの「基本性能」を確認します。

ここは変えられない部分です。いつ建てられたか（築年）、新耐震（1981年6月以降の建築確認申請）か、構造（RC＝鉄筋コンクリート造、SRC＝鉄筋鉄骨コンクリート造、まれにS＝鉄骨造）、駅からの経路と距離（徒歩何分か、またはバス何分＋徒歩何分か）、土地は所有権か地上権（借地）か、部屋の開口部の方角（窓が南向きか東向きかなど）、総戸数は何戸か（管理組合が経済的に安定しやすいとされる50戸以上か、ホームズのサイトは物件一覧にこの情報があって助かります）。何階建てで、当該物件は何階か。

物件情報は、必ずグーグルマップと照合します。部屋ごとの方位は、実際と図面でずれていることが少なくありません。物件情報に「南向き」と表記されていても、グーグルマップの建物の位置から推定すると東寄りの「東南東」や西寄りの「西南西」だったり。図面では「北東と南東の二面採光」となっているのに、グーグルマップで確認したらビルが隣接していて、南東の窓は換気には使えても日照はなさそうだと想像できたり。

駅からの経路も、ある程度、グーグルのストリートビューで分かります。駅から物件までの間で、大きな国道や踏切を越えるか、大きな施設や工場、公園や川のそばを通るか、など。もちろん、建物の新築や解体、再開発などで町並みは日々変わるので、候補物件になったら現地を見に行くことは必須です。でも下調べならグーグルが役に立ちます。

II　次に、マンション全体の運営と設備をチェックします。

エレベーター、オートロックや宅配ボックス、建物内ゴミ集積所、駐車場や駐輪場、トランクルームなどの有無。管理（自主管理か管理会社委託か、委託なら管理会社はどこか）、修繕積立金の額（1㎡当たりいくら）などです。

5階建てまではエレベーターはなくても合法ですから、古い団地型の低層マンションの場合、エレベーターがないことが多いです。ゴミ集積所も、小さいマンションだと設置されておらず、個別にゴミ捨て場に持って行く必要があることも。駐輪場や駐車場は、各戸当たりの台数、料金と空きの有無も重要な要素でしょう。私もそうですが、最近は車を持たない人も多いでしょうが、郊外や地方では必須でしょう。建物内に駐車場が確保できないなら、近隣でいくらで借りられるかも要確認事項でしょう。

管理については、管理会社に任せるのが一般的ですが、まれに、自主管理の物件があります。自主管理ですと管理費を抑えられますが、建物の維持補修管理を自分たちでする必要が出てきます。居住者自らがゴミ捨てをしたり、当番を決めて共用部の清掃をしたり、長期修繕計画を立てて補修工事の業者を選定し、修繕工事を実施する、といった具合です。

また、修繕積立金が少ないと負担が少なくて良いと思いがちですが、維持管理のために必要なお金です。鉄筋鉄骨コンクリートでも適切に維持補修しないと劣化します。劣化したマンションは資産価値が下がり、売却はしにくくなり、賃貸でも安い家賃でしか貸せなくなります（実際に購入する時は、仲介業者を通して修繕積立金の残高がどのくらいか、滞納がないか、長期修繕計画の有無と、過去の共用部の修繕実績を確認できます）。

物件の「部屋の中」もチェック

ちなみに、修繕積立金は億単位にもなります。過去には、管理組合の理事長や管理会社が積立金を持ち逃げした事件がありました。犯罪防止のためにも、管理組合は管理会社や理事会を監督する必要がありますし、管理会社は実績のあるところが安心です。

補修の周期は、およその推奨年があります。国交省の長期修繕計画作成ガイドライン（「第3編　長期修繕計画作成ガイドライン・同コメント」84ページ、「修繕周期の例」＊）によると、それぞれの設備の交換時期は、例えば、

エレベーター　26〜30年
共用部のガス管（縦管）　28〜32年
給排水管（縦管）　30〜40年

となっています。工事の周期も、
バルコニーの手すりや非常階段などの鉄部塗装　5〜7年ごと
屋上やバルコニーの防水や躯体補修・外壁塗装　12〜15年ごと
と推奨されます。この工事費を、マンションの区分所有者全員が、所有面積比で分担して月々積み立てるのが、修繕積立金です。新耐震後の物件でも、1㎡当たり最低100円、できれば200円（50㎡なら月1万円）は積み立てたいところです。将来、積立金が足りないと、必要な工事を先延ばしするか、各戸から臨時徴収する事態に陥るためです。

＊ https://www.mlit.go.jp/jutakukentiku/house/content/001600130.pdf

Ⅲ　その物件の「部屋の中」をチェックします。

室内の設備も重要です。バス・トイレやキッチンなど、水回りの広さやグレード、古さはどうか。風呂には浴室乾燥機や追い焚き機能はついているか、キッチンはガスコンロかIHか、魚焼きグリルや浄水器、食洗機はついているか（私は食洗機不要派ですけど、欲しがる人は多いですよね）。エアコンはあるか、いまなくても、設置が可能か（古いマンションの場合、エアコンが設置できない部屋があることも）。リフォームしたほうがいいレベルか。

こうした設備はⅠ、Ⅱに比べると、優先度は低くなります。そのほかの条件が良かったら、買ってから、あとでリフォームすれば直せる部分だからです。

治安をきちんと調べず、大失敗

Ⅳ　更に環境面。周囲はどんなエリアか確認します。
再開発でもない限り、町並みや環境はなかなか変わりませんから、確認すべきです。Ⅰで調べた、駅から物件までの経路より、もう少し広い範囲の周囲を見ます。幹線道路や高速道路、鉄道などがあるか。文教地域か商業地域か住宅地か。平坦地か丘陵か崖地か、斜面があるなら南斜面か北斜面か。大きな川がないか、切り土・盛り土か。災害危険地域――崖地指定や地滑り危険地、内水による浸水予想と氾濫による洪水危険地域――ではないかは、自治体が出しているハザードマップでチェックします（ホームズのサイトでは、物件情報から浸水予想の概要が見られて便利です）。

さらに、治安も調べたほうがいいでしょう。ひったくりや盗難、痴漢、暴力事件などの犯罪の発生件数や発生率。東京都内なら、警視庁のホームページ*で、市区町村ごとの発生件数が調べられます。駅からの道がさみしくないか、夜道は恐くないか。グーグルのストリートビューだけでなく、実際に利用する時間帯に歩いてみたほうがいいでしょう。バス便ならバスの本数と、始バス・終バスの時間帯も大事な情報です。私の場合、前述したように、占い師に避けるべきと言われた忌み物（墓地や寺社、総合病院）が近くにないか、あるならどの方角かも、確認します。事故物件じゃないかどうかも調べます。

ちなみに、私はかつて、治安をきちんと調べなかったために大失敗した経験があります。予算を優先して、希望エリアから外れた、あまり土地勘のなかった街に新築マンションを購入しましたが、わずか3年半で手放しました（125ページ〜の番外編をご参照ください）。

＊ https://www.keishicho.metro.tokyo.lg.jp/about_mpd/jokyo_tokei/jokyo/ninchikensu.html

泥棒に2度も入られたからです。犯行が土曜夜で、手薄な当直時間帯とはいえ、110番通報から警察が来るまで数十分。ようやく来た警察官が「今晩は忙しい」と言っていたのが気になり、犯罪件数を調べました。そして初めて、自宅が、窃盗多発地域にあると気づきました。ちゃんと治安を調べてから買うべきだったと、猛省しました。

事故物件は口コミを活用して察知

ほかに、物件の条件として気になるのは「事故物件」でしょう。過去に、当該の部屋や共用部で、殺人や傷害事件、自殺などの「事件・事故」が起きたり、事件性のない自然死でも発見までに時間がかかり「特殊清掃」が実施されたりした家やマンションのことです。賃貸では、賃料の安さに惹かれて事故物件を選ぶ人がいるとか、あえてネタとして事故物件に住む芸人さんがいると聞きます。でも、ずっと住み続ける購入物件となると、どうでしょう。気にならない人にはお得でしょうが、できれば避けたいと思うのが人情でしょう。私も避けたいですし、私から将来買ってくれるだろう人も避けたいでしょう。なので事故物件は最初から除外して探したいのですが、事故物件である履歴を隠して「フルリフォーム済み物件」として販売する「事故物件隠し商法」が世に出回っています。

事故物件であることは、従来、宅建業者が重要事項説明の中で、「心理的瑕疵担保」として、買い手・借り手に告知するのが慣例でした。ですが、国交省が２０２１年10月に策定した「宅地建物取引業者による人の死の告知に関するガイドライン」の中で、「事案発生から概ね３年が経過した後は、原則として告げなくてもよい」と定めたのです。

事故後３年で、事故のあった履歴を明示しなくてもよくなるので、例えば、事故後に安く買い叩いた物件を、３年後にフルリフォームして売る業者が出てきています。「事故物件」と告知しなくてよいため、業者は売りやすく、かつ、相場より安く仕入れるので儲けやすくなります。３年以上前の事故物件を、正直に告知する良心的な業者ばかりではないでしょう。そのため、事故物件を避けるには、自分で調べる必要が出てくるのです。

知る人ぞ知る「大島てる」というホームページ＊を、私は活用しています。口コミ（投稿情報）なので、間違いが交ざっている可能性もありますが、少なくとも参考にはなります。

エリアごとの治安の善し悪しの傾向も分かります。不思議なことに、同じ町名でも、一つ道路を隔てると、事故物件が全然ないエリアと、たくさんあるエリアとに分かれたりします。事故が事故を呼ぶのでしょうか。占いや風水で「避けたほうがいい」とされる場所

＊ https://www.oshimaland.co.jp/

と、事故物件が多い地域とは、関連性があるような気もします。

なので、I～IVの条件で良さそうな物件を見つけたら、このサイトで確認するのが、モトザワのルーティーンになっています。事実、「お買い得！　なぜ？」と思って「大島てる」で調べたら、事故物件ずばりの部屋や建物だった、という例が何度もありました。

ご参考までに、私は購入と賃貸ごとに「譲れない条件」をリストアップしています（次ページに一部を示しました）。さらに物件ごとの条件を比較する表（108～109ページ）と、独自の物件マップも作っています。後者は、グーグルマップに販売中の中古物件と、「大島てる」による事故物件の情報を書き加えたものです。物件の条件（価格、広さ、階数、総戸数、向き、築年、駅徒歩分数など）が網羅的に見られるので、徐々にエリアの相場感が分かり、お薦めや狙い目のマンションの見当が付いてきました。

こうして条件面を精査して、大丈夫そうだ、住みたい、となって初めて、不動産屋に内見を申し込みます。ですが、こんなふうに多くの条件を調べて一覧化するのは、意外に手間と時間がかかり、あっという間に数時間を費やしてしまいます。

ああ、これだから不動産探しは、やめられない、とまらない。

モトザワの曲げられないこと一覧（購入の場合）

- □ ハザードマップの危険地域ではないこと（浸水、崖地、津波、軟弱地盤等）
- □ 管理組合がしっかりしていて長期修繕計画があり、修繕を実行し、積立金もあること
- □ 戸数50戸以上
- □ 将来、売却か賃貸に出すかできる物件（駅近）
- □ 広さ（50㎡以上）→本を収納するため（または地下トランクルーム付き）
- □ 南向き、または南西向き→お日様が欲しい、あったかいのがいい
- □ EVありなら3階以上7階まで、EVなしなら2～3階
- □ ベランダの窓とカーテンを開けられること→眺望が大事！　目の前にビルや建物があって窓やカーテンを開けられないのが嫌！
- □ できれば新耐震、でなければ耐震補強をしていること
- □ 1階がピロティでないこと（耐震性能的にも風水的にもNG）
- □ BT（バス・トイレ）別
- □ できればオートロック、ない場合はモニターつきインターホン必須
- □ 台所のワークスペースが広いこと
- □ 納戸かDENがあること（トランクルームに預けている大量の書類を保存）
- □ 実家から徒歩圏（徒歩30分以内）
- □ LDKがゆったりしていること（Kはアイランドでも L型でもなんでもOK）→リビングが書斎代わり、食卓で仕事をするので
- □ 床が傾いていないこと→1000分の6でも感じてしまって気持ち悪くなるので
- □ 夜道が恐くないこと
- □ 大きな病院が遠いこと（最低500m、できれば1㎞以上離れていること）
- □ 風水的にいいこと
- □ 近くに川がないこと
- □ 駅からバス便の場合、バス停から2分以内
- □ 風呂、洗面所、台所の蛇口は混合栓

あればうれしいもの、できれば、さらにプラスの条件

- □ オートロック
- □ 近くにコンビニ、スーパー
- □ 天井高2350以上
- □ 風呂の追い焚き機能
- □ 駅徒歩圏（できれば徒歩12分以内）or 実家から徒歩10分以内
- □ 宅配ボックス

	眺望	新耐震 耐震補強	BT別 リフォームの有無	納戸（DEN）	実家から徒歩圏か	LDKゆったり	大きな病院が離れている（1km以上）	近くに川がない	近くに墓／寺がない
	たぶん○ 6階 線路の 反対側	× 1970年 8月築	○ 2023年3月改修中	○ 納戸にできる洋室有	× 実家から4km、電車4駅	○ 11.5j	△ 500m先に大学病院	○	○
	たぶん△ 1階だけど前面道路が広そう	× 1969年築	○ 2023年 改修中	○ 納戸にできる洋室有	△ 約2km	○ 13.4j	○	○	○
	たぶん○	× 1973年築	○ 2019年 改修済	×	× 4.6km、 電車4駅	○ 13.5j	○	○	○
	○ 3階＆目の前が公園	○ 1983年築	○	○ 納戸にできる洋室有	△ （？）	△ 不明	× 490m先に病院	△ 坂下 に川	？
	たぶん○ 写真で みると	× 1969年築	× 2点ユニット、要リフォーム	× フルリフォームするなら○	△ 3.3km	？ フルリフォームならOK	○	○	○
	たぶん○	○ 1982年 3月築	○	○ たぶん 洋室有	○ 徒歩5分	たぶん○	○	○	○
	○ 2階でも抜けている、目の前が道	× 1976年 7月築	○	○ 納戸にできる洋室有	△ 約40分	○ 13.6j	○	○	○
	？ 現地で確認のこと	○新耐震 1996年 8月築	○	○ 納戸にできる洋室有	△ 約40分	△ 10j＋隣の和室6j	○	○	○

勝手に物件比較表

物件名 何階 価格	住所	暫定順位	占い・ローン 気になるところ	管理組合の状況	戸数50戸以上	売却／賃貸できるか	広さ50㎡以上	南向き 南西向き	EV有（3〜7階） EV無（1〜3階）
物件A 6階 2980万	X市	4	占い聞いてみる	未	○ 113戸	？ たぶんできる	○ 52㎡	○ 南向き	○ 6階
物件B 1階 1998万 地上権	X市	3	占い聞く ローンも聞く	未	○ 113戸	△ 地上権売買は難しい 賃貸は可	○ 59㎡	○ 南向き	○ 1階
物件C 5階 3080万	Y市	？	実家から遠くなる	未	○ 58戸	？	× 48㎡ 狭い	○ 南向き	？
物件D 3階 2580万	X市	1	占い聞いてみる 東京から遠くなる	未	○ 51戸	△ 周辺相場 6〜8万	× 48㎡ 狭い	○ 南西向き	○ EVあり
物件E 2階 1780万 地上権	Y市	1	占い聞いてみる ローン聞いてみる	未	○ 58戸	△ 地上権売買は難しい 賃貸なら	× 47㎡ 狭い	○ 南西向き	？
物件F 5階 3480万	X市	？	占い聞いてみる	？	△30戸（団地全体100超？）	？ たぶんできる	○ 85㎡	○ 南向き	× 階段のみ 5階
物件G 2階 3140万	Y市	×	占い「すごく悪くはないけど、組合でもめる」	？	○ 69戸	○ ？	○ 53㎡ トランクルーム付	× 北東向き	○ EVあり
物件H 1階 2990万	Y市	ー	夜道は恐くないが、坂がきつい	？	△ 44戸	○ 家賃12万程度	○ 65㎡	○ 南東向き	○ EVあり

予算を上げる？ エリア広げる？ 面積を狭く？
いいえ、リフォームでしょ！

最後から2番目の家

予算と物件の条件を確認したところで、賃貸か購入かで迷っていた「アラ還からの老後の住まいチャレンジ」の続きに戻りましょう。

ファイナンシャル・プランナーY氏からは、購入するなら「安かろう・古かろう」ではなく、「優良な、売れる中古物件」を買ったほうがいい、と助言されました。投資用不動産の一つを売却して頭金を増やし、購入予算を上げたほうが、20〜30年後に買い手がつきやすく、老人ホームに移る時に売却して入居一時金にできる、と。

でも、頭金を増やして予算を上げるとなると……いろいろ考えてしまいます。その家は、病院や高齢者施設の前に住む「最後から2番目の家」、自分で選ぶ「終の住処」です。このあと20〜30年どころか、（幸いずっと元気で老人ホームに移る必要がなかった場合には）半世紀も、住み続けるかもしれません。そう考えると、エリア問題が浮上してきました。都内でなくていいのか？ 隣の県で、私は満足できるのか？ と迷い始めたのです。

そもそもマンション購入を検討し始めたのは経済的な将来不安からですが、エリアを実家の近くに決めたのは、高齢の母に何かあった時に、夜中でも駆けつけられる近隣がいいと思ったからでした。予算的に都内は無理だと諦めてもいました。でも都内への未練はずっと残っていて、将来は再び都内に住みたいと思っていました。ですから、購入予算を増やすとなったら事情は変わります。「最後から2番目の家」なら、都内で買うべきじゃないか？ 予算を4500万円まで上げるなら、都内でも手が届くんじゃないか？

——ということで、心機一転、仕切り直し。こんどは都内でマンションを探すことにして、都内の不動産仲介業者に連絡を取り始めました。予算を上げたら、どの場所にどのくらいの広さ・グレード・築年数の物件が今、見つかるでしょう。2023年3月のある土曜日、大手不動産仲介業者の案内で、23区内にある物件2つを内見しました。

3月は購入の狙い目、フルローンも行ける？

一つ目は、私鉄A駅から徒歩8分の物件です。価格は3980万円。旧耐震の1969

年築ですが、耐震補強工事がしてあり、耐震基準適合物件です。広さも54㎡、南東向きで、私の望んだ眺望もあります。フルリフォーム済みで、室内はぴかぴか。都内の物件の金額とレベルを確認するための内見でしたが、かなり良いです。もちろん、事前に、事故物件ではないことは確認済みでした。けっこう気に入りました。頭金を増やすため売却する予定の投資用不動産が売却済みだったら、購入を申し込んでいたかもしれません。

古さは、(あと50年住むかもしれないと思うと)心配ですが、耐震補強が実施できるくらい管理組合が機能しているのは素晴らしく、将来的にも安心できそうです。23区内の駅近で、この広さでこの金額も魅力的です。私にはやや使いづらそうな2LDKでしたが、まったくダメな間取りでもありません。物件を案内してくれた大手不動産仲介業者の担当女性S氏は、「旧耐震だけれど耐震補強をしてありますから、銀行の住宅ローンも大丈夫です」と話します。そして、「ぶっちゃけ、3月の今は狙い目です」と指摘しました。年度末なので、今なら、売主が価格交渉に応じる余地があるかもしれない、というのです。

そこで私は、いつもの問いを投げかけました。

「フリーランスで、57歳、子なし、ですけど、住宅ローンは付きますか?」

S氏は、住宅ローンの返済期間が22年しかないということですよね、と、手元で電卓を叩き始めましたが、すぐさま、「大丈夫です」と言いました。ええ? そんな簡単に請け合っちゃっていいんですか？ ならば銀行ローンが付きますよ」。最新（2022年分）の確定申告書類を見せたところ、「これなら4000万円くらいまで引き出せるんじゃないかなあ。この物件だと、もしかしたらフルローンも行けるかもしれません」。なんと！ そんな美味しい話があるとは、にわかには信じられません。

フルローンとは、諸経費（物件価格の約1割）以外の物件価格全額を借りることです。ふつうは頭金の1割は自己資金で、物件価格の9割までしか融資がつきません。

かつては不動産を買う時、フルローンが付くのは珍しくありませんでした。ですが、不動産価格高騰の折、政府の指導もあって審査が厳しくなっています。投資物件はもちろんダメですが、実住物件でもフルローンは無理だと、不動産投資業界筋から聞いていました。

それがこの物件なら、諸経費約300万円を除いた3980万円全額を、住宅ローンで貸してもらえるかもしれない、とS氏は言うのです。まさか。

築古だけど管理のしっかりした物件

難しいとは思いつつも、フルローンが付くなら話は変わってきます。自己資金として用意すべきは、諸経費だけです。それなら、手持ちの不動産の売却を待たなくても、今すぐにでも買えるかもしれません。不動産を売却しないと頭金が足りないと思っていた、という話をS氏にしたところ、週明けに銀行に詳細を問い合わせてくれるとのことでした。

そうかあ、フルローンという手があるかもしれないのか、と夢を抱きながら、次の内見に向かいました。二つ目は、同じく23区内ですが、最寄りの私鉄駅からバス便でした。でも３２８０万円と、都内にしては破格の安さです。１９６８年築の南向き71㎡。7年前にフルリフォームをし、今の所有者がきれいに使っていたため、室内クリーニングのみの現況渡しでした。こちらも事故物件ではありません。

ベランダの前、南側は公園で、眺望は素晴らしいです。建物は古いけれど、外壁の補修・塗装も、窓サッシもエレベーターも玄関ドアも交換・刷新してあります。管理組合がしっかりしている証拠です。分譲時はかなりのグレードの高級マンションだったのでしょう。

ただ、気になる点もありました。旧耐震で、耐震補強はしていません。室内も、きれいに住んでいたとはいえ、使用感は否めません。部分的にリフォームしたい気もします。私一人で住むには広すぎるのも気になります。さらに交通の便がネックです。バス便の使い勝手と不便さを、朝、昼、夜と、時間帯を変えて確認する必要があります。また、南側が公園で眺めが良いということは、人目がないということです。近くにコンビニもありません。夜に一人歩きをして、恐くないのかも調べたいポイントでした。

こちらの担当者は男性K氏でした。同じマンション内でフルリフォーム物件が１０００万円ほど高く、売りに出ていました。そこと比較してもお買い得です、売主も早めに決めたいので１週間以内に結論をください、とK氏。ローンについては、旧耐震の物件でも融資が通る銀行のあてがいくつかある、照会できる、とも言います。

「共同担保でローン」の罠

でも、私の属性の問題もあります。フリーランスなので住宅ローンが付くのか心配だと話したら、K氏はこともなげに言いました。「大丈夫ですよ」。確定申告の金額を伝え、頭金が足りないので不動産を売る計画を話しました。すると、いま自己資金はいくら用意できるか聞かれました。株や投資信託を売れば５００万円くらいは、と話したところ、「それなら、不動産が売れなくてもローンは通るんじゃないかと思います」とK氏は言います。

どういうことでしょう。５００万円じゃ頭金が足りないはずです。S氏同様、フルローンが引けるというのでしょうか。詳しく聞いてみると、K氏いわく、「投資用物件を持っているなら、それを共同担保に入れてしまえばいいんです。それなら今すぐでもローンが借りられますよ」。そして、不動産が売れたら、繰り上げ返済をすればいい、と言います。

いやいやいや、違うでしょう！　これは黄色信号です。明らかにK氏は売り急いでいます。年度末だし、早く売りたい、私が不動産を売って頭金が用意できるまでなんて待っていられない、だから今でも買える方法を提示しているだけ、です。これは危険です。「共同担保」と聞いてピンと来る方は、不動産通ですね。現に所有していて、抵当権のついていない、担保価値のある不動産を、別の不動産を買う時に担保として差し出すことです。それは住宅ローンじゃありません。「不動産担保ローン」です。投資用不動産と同じ扱いで、住宅ローンとは金利が全然違います。

住宅ローンなら、サラリーマンなら優遇金利で０・５２５％とか０・４７５％とか０・３４５％とか、フリーランスの私でも０・９％とか、１％未満の超低金利で借りられそうと聞きます。でも、不動産担保ローンとなると、金利は４～７％などと上がってしまいます。銀行との取引状況によっては、もう少し下がるでしょうが、はっきり言って、そんな高い金利なら、借りてまで自宅を買う意味はありません。ずっと賃貸でいいです。

私はK氏に「住宅ローンが使えますか」と聞きました。「住宅ローン」に意味があるからです。住宅ローンほど金利が低く、つまりレバレッジが効かせられる金融商品はありません。自宅マンションを買おうと思えるのは、住宅ローンが低金利だからです。

投資用物件を買い足すのなら高金利の投資用ローンでも仕方ありません。でも投資用としては、この3280万円の物件を、私は選びません。家賃を高く取れず、利回りが低くしか見込めず、賃貸物件としては魅力的ではないからです。住宅ローンで買う自宅用と思えばこそ、眺望を優先して、古くても駅からバス便でもいいやと思えたのです。

——というわけで、この週の内見もまた、不発に終わりました。S氏からはその後、銀行からはフルローンは難しいとの回答でしたと連絡がありました。想定通りです（業者より詳しい購入希望者ってどうよ？ 苦笑）。当初の計画通り、所有不動産を売却して頭金を作ることにしました。

購入予算は当初の2・5倍！

ですが、2つのリフォーム物件の内見を経て、私の中で改めて、「自分でリフォームしたい熱」が、むくむくと膨らみました。以前、占い師の見立てで思いとどまった物件の時も思いましたが、リフォーム済み物件は、最大公約数である家族向けを狙うあまり、「ベテラン単身者」の私の暮らしぶりとの差が大き過ぎます。賃貸で安く暮らすのならば、多少、趣味と違っても我慢しますが、貯蓄をはたいて買うならば妥協したくありません。

やっぱり間取りは、自分仕様にしたいです。もしかしたら、エリアを広げてでも、面積を狭めてでも、予算を上げてでも、「リフォームしたい欲求」のほうが勝るかも？　と思い始めました。だって、今から老人ホームか病院に入るまでの20～30年間、一日当たり、今よりずっと長い時間を、その部屋で過ごすのです。市場にどんぴしゃの部屋がないのなら、買ってリフォームするしかない、そうだ、リフォームしよう！　というわけです。

ちょうど、そんな頃でした。前に登場した、リフォーム系不動産業者の担当女性M氏から朗報が届きました。「銀行がローンを付けてくれそうです」。ラッキー！　ファイナンシャル・プランナーY氏からは、老後の資金シミュレーションの詳細結果が届きました。自宅マンションを買っても、老後資金が赤字に陥る心配は杞憂でした。

「家賃相当分をまるまるローン返済に充てたとします。ローンは80歳で完済しますから、その後は100歳まで生きたとしても、公的年金と個人年金もあるので老後資金はもちます。運用中の金融資産を、頭金用に取り崩すことなく運用したら、もっと余裕がでます」

月額は少なくても、終身もらい続けられる公的年金があるのはありがたいです。

Y氏の試算では、いま私が売ろうとしている投資用不動産を売却したお金は、他の投資で運用をせずとも老後資金はショートしない、とのこと。逆に、今持っている金融商品は、現金化せずに運用し続けたほうが、複利効果で将来の刈り取りが多くなる。だから、自宅不動産を買う頭金のためには、株や投資信託を売って現金を作るよりも、投資用不動産の売却金をまるっと回したほうが良い、とのことでした。

その助言に従えば、金融商品より不動産のほうが高額で売れるので、頭金はより増えます。結果的に予算も上げられます。想定通り、予算は４５００万円でＯＫです。その代わり、「売り」先行なので、いったん物件探しはストップです。売却できて、頭金のめどがたつまで、「買い」は待たなくてはいけません。

こうして、当初２０００万円で考え始めた購入予算は、いつしか３０００万円以内となり、ついには４５００万円以内、当初の２・25倍！　となってしまいました。それでも、頭金を増やしたので、今の家賃と同じ程度のローン支払いになる計算なのです。

待てよ？　と、ここで私の中の悪い虫が騒ぎ始めました。金融資産の一部も取り崩して頭金をさらに増やしたら、予算５０００万円に手が届く。もしくは、銀行によってはもう少し、ローンを組めるんじゃないか？　５０００万円なら、都内の新築マンションでも、せまーい部屋なら手が届くのでは？　いやいや、狭小戸建てっていう手もあるかも？　つい気の大きくなった私は、「禁断の戸建て」業者に連絡をしてしまったのです……。

コラム2

いくらのマンションなら買える？ 穴うめシミュレーション

Step 1 ～4の表を埋めていくと、将来買える物件価格や、
購入物件の資産価値がわかります。
ぜひあなたのリアルな数字を入れてお試しください。

Step1 現在の家計の収支を出してみよう

収入の部	月額		
給与所得		円	
副業所得		円	
その他所得（不動産所得など）		円	
金融所得（運用資産の配当等）		円	
合計		円	…A

支出の部	月額		
食費		円	
医療費		円	
交通費		円	
光熱水道費		円	
通信費		円	
交際費		円	
住居費（家賃またはローン返済＋管理費等）		円	
教養娯楽費（※1）		円	
贅沢費（※2）		円	
投資（株、投資信託）		円	
貯蓄		円	
その他支出		円	
税金（年払いを月額に換算）		円	
社会保険料（年金、健保）		円	
合計		円	…B

※1 新聞・本、舞台・映画・コンサート鑑賞など
※2 各自による。心の豊かさのために支出が必要なお金。モトザワは骨董・現代アート

Point A－B＞0（毎月が黒字）ならばOK

現状を正確に把握しよう。支出は何が多いですか？

例えば、月々はマイナスの赤字家計でボーナスで補填している場合など、自分の状態を正直に見極めましょう。

Step2 老後の収支を推計し、「住居費」にいくら使えるか算出しよう

収入の部	月額		
公的年金		円	…「ねんきん定期便」から算出しよう
個人年金		円	
副業所得		円	…パートなどの家計補助はこちら
その他所得（不動産所得など）		円	
金融所得（運用資産の配当等）		円	
合計		円	…C

支出の部	月額		
食費		円	
医療費		円	
交通費		円	
光熱水道費		円	
通信費		円	
交際費		円	
教養娯楽費（※1）		円	
贅沢費（※2）		円	
投資（株、投資信託）		円	
貯蓄		円	
その他支出		円	
税金（年払いを月額に換算）		円	
社会保険料（健保）		円	
住居費以外の支出合計		円	…D
住居費（家賃またはローン返済＋管理費等）		円	…E
総支出（D＋E）		円	…F

Point

C－F＞0（毎月が黒字）ならば、老後資金は永遠にショートしない

①住居費以外の支出Dを精査しよう。現役時代と比較して、どこまで削れるか、どの費目は削れないか。

②Dが確定したら、資産を取り崩さずに住居費にかけられる金額（C－D）が分かる。

③住居費Eを考えよう。「C－F」に収めるか、資産を取り崩して増額するか。長生きリスクを考慮しても、資産に余裕があるなら、月々はC－F＜0でもよい。

※自身の長生きリスクと資産寿命をシミュレーションしたいなら、ファイナンシャル・プランナーに相談を。

Step3 買える物件シミュレーション
〜購入可能な不動産の上限額を割り出す３つの方法

事前準備

◎貯蓄など金融資産のうち、不動産に使える自己資金（G）を算出しよう（老後に無理せず返済できる金額を求めるため）。

①自己資金（頭金）から購入可能額（概算）を考える。

Gで、頭金（物件価格の２割）と諸費用（同１割）を賄う。

G ÷ 0.3 = ［　　　　］…購入可能額の上限（H）

②年収から融資可能額（概算）を考える。

一般的に、年収の７倍が融資の上限とされる。年収を７倍する。

C × 12 × 7 + G = ［　　　　］…購入可能額の上限（I）

③年収に占める返済比率から返済額を出し、金利と返済期間から融資可能額を出す。

※変動金利（元利均等）で返す時の月々の返済額をEの範囲内になるように求める。
※毎月の収入（C）に占めるローン返済が３割になるようにする。

C × 0.3 = ［　　　　］…毎月、ローン返済に回せる上限額（J）

ただし、ローンのほかに、税金（固定資産税K、毎年）と、マンションならば修繕積立金と管理費（L、毎月）が必要。
これらを含めると……

{C −（K ÷ 2 + L）} ×0.3 = ［　　　　］
…毎月、ローン返済に回せる、より安心な上限額（M）

表：借入金1000万円を20年返済する場合の、金利ごとの毎月の返済額
（円、元利均等方式）

金利（%）	月々の返済額（N）
0.345	43,126
0.4	43,362
0.5	43,793
0.6	44,227
0.7	44,663
0.8	45,103
0.9	45,545
1.0	45,989
1.1	46,437
1.2	46,887

※60歳の場合、返済期限は20年が上限（住宅ローンは80歳完済のため）。
ほかの返済期間・金利については、ネットのシミュレーターをご活用ください。

月々の返済額（M）から、いくらまで買えるか、右下の表を参考に融資金額の上限を出す。返済期間20年、金利ごとに試算。

M ÷ N × 1000万円（月々の返済額から算出した融資額）＋ G ＝［　　　］…購入可能額の上限（O）

例：Mが８万円、金利0.8％で20年返済なら、80000÷45103≒1.774、1000万×1.774＝1774万円で融資総額は1774万円。これに頭金を足した額が、購入物件の上限額となる。

O、H、Iを比較する。OがH、Iより少なければO＝購入可能上限額。HやIのほうが少なければ、そちらが購入上限額

まず、退職後の暮らしをイメージしよう

住宅ローンは就労収入がないと組みにくくなるため、最後のチャンスと考えて定年退職前に住宅購入を検討する人は少なくありません。

資金繰りの相談を受けていてよく思うのは、退職後の暮らしのイメージを持てる人ほど家選びがスムーズだということです。

例えば、海外旅行三昧な暮らしが夢という人なら、都会にこだわらず空港近くの街に住んだほうが便利かもしれません。方向性が固まれば、物件の絞り込みもしやすく、手頃な中古マンションや保証人なしで割安な家賃の賃貸も見つけられそうです。退職前の今の時期に、今後の数十年の暮らしにじっくり思いを馳せる時間を作ることも大切と考えます。

また、先に住まいを決めて、それに合わせた住宅ローンや暮らし方を模索するという王道で行く場合は、諸先輩方の経験談や事例などに数多く触れて、予備知識をつけることが一番の武器になります。

いずれにしても、今後の住まい選びにあたっては、事前に老後の生活設計や家計収支の把握をしておくことが重要です。一番避けたいのは、身の丈に合わない住居費で、老後の生活が不安定になる事態です。いくらの予算なら大丈夫かなど、迷ったら、ぜひFPに相談してみてください。

竹下さくらさん

ファイナンシャル・プランナー（CFP®）、「なごみFP事務所」共同運営者。不動産にも詳しく、個人の相談にも乗っている。著書に『書けばわかる！　わが家にピッタリな住宅の選び方・買い方』『幸せな「ひとり老後」を送るためのお金の本』など

Step4 未来の資産価値をシミュレート

購入物件が決まったら、将来に備えて資産価値を試算しよう。
資産とは、①**賃貸に出して施設費に充当**できるか、②**売却して入居一時金**にできるか。いずれ高齢者施設や病院に入る時、その物件がお金を産む「資産」なら、安心です。

①賃貸に出す場合

1 購入予定物件の周辺の家賃相場をネットで調べる。

同程度の広さ、間取り、築年の物件の家賃（月額、P）を出す。

2 高齢者施設の施設費（月額、Q）を調べる。

入居時一時金の多寡によって月額利用料は増減する。また、施設利用料は立地やグレードによってピンキリなので、入りたい・払えそうな物件で試算する。

3 PとQを比較する。

P＞Q（相場家賃のほうが高い）なら

→安心。ただし立地が良くても建物が古くなると家賃は下がるので、定期的に確認を。

P＜Q（相場家賃のほうが安い）なら

→将来さらに家賃が下がる可能性が大きいので、不足分を準備する必要がありそう。

※一般論では、不動産は、賃貸に出した場合の利回り（表面利回り）が5％あると良い物件とされます。
表面利回り（％）＝P×12÷物件価格×100
※月々の経費や税金などを差し引いた後の実質利回りで5％以上あれば、より良い物件です。
実質利回り（％）＝［{P－（修繕積立金＋管理費＋駐車場代等）}×12－固定資産税］÷物件価格×100

②売却する場合

相続人のいない「おひとりさま」は、元気なうちに不動産を現金化するほうがいい。不動産は流動性が低いうえ、家賃収受などの不動産管理業は手間がかかり、終末期には難しくなるため。

P＜＜Q（相場家賃がかなり安い）なら…

→施設に入る時に物件を売却して入居一時金を多く払うのがお勧め。一時金が多いと月々の利用料が安く済み、資金ショートを避けられます。

→自宅を売却して「終の住処」の原資にできるなら、手元に残しておく金融資産を減らして、自己資金を増やせます。

→「将来価値」の下がりにくい物件を購入したほうがいい。将来、売れにくそうな物件（不人気のエリアや間取り・広さなど）は、安くても再考の余地がありそうです。

番外編

住み道楽の黒歴史

住宅大好きモトザワは、なぜ賃貸派になっていたか

家にまつわる黒歴史は、どのくらいの人が持っているのでしょう。モトザワにはあります。しかも、がっつり。

「はじめに」でご紹介した通り、住宅大好きなモトザワは、社会人になってからの平均居住年数は3年弱。子ども時代も含めると、これまでに16カ所の家や部屋に住んで来ました。その16カ所の中で唯一、購入したマンションが、つまずきの始まりでした。

ときは1995年。モトザワはまだ20代でした。その頃、住宅金融公庫（現・住宅金融支援機構）が、独身者にも初めて融資の門戸を開きました（信じられないでしょうが、1993年まで、公庫は単身者には住宅ローンを貸してくれませんでした！ 独身者差別!!）。親から不動産取得贈与も受けて、物件価格の約1割だけを頭金として払い、残りは全額、公庫

で借りました。

地下鉄駅から徒歩5分、オートロック、最上階の57㎡2LDKで、ロフト10㎡、ルーフバルコニー35㎡付きです。この広いルーバルでホームパーティーをと思い描いていたのに、わずか3年半後、ルーバルでパーティーを一度もしないまま、その物件は売却しました。物件と、マンションの管理組合に嫌気が差したからです。

きっかけは泥棒でした。住み始めて3年目、立て続けに2度、泥棒に入られました。幸い、現金はわずかしか置いておらず、貴金属やアクセサリーなど被害総額は確か計十数万円だったと記憶しています。

この泥棒騒ぎで初めて、実は治安が良くない地域だったと知りました。窃盗犯の発生件数が多い土地柄かどうかは購入前に調べておくべきでした。最上階だから安全だなんて思い込み。あとで警察に聞いたら、泥棒に狙われるのは1階、最上階、2階の順番だそう。特にルーフバルコニーはプロ好みで、下から見えないためゆっくり窓を破って侵入できるので要注意だそうです。そのうえ、私の部屋のルーバルは、共用部の廊下から手すりを乗り越えれば、簡単に侵入できる構造でした。

泥棒対策のためには、共用部に泥棒よけの柵などを付ける処置をしなければいけません。

でも共用部は「マンション全体の資産」ですから、全住民による管理組合で話し合って決めないといけません。私が勝手に柵を付けたりできないのです。ここで壁になったのが、マンションの管理組合でした。

そもそも、管理組合は運営に苦労していました。マンションの共用部（建物の構造となる躯体やバルコニー、窓、ホールなど住民全員の共有部分）は、「住民全員で」維持管理しなくてはなりません。そのために修繕積立金を積み立てて、日頃の維持補修や将来の大規模修繕に備えます。でも、デベロッパーが最初に設定した修繕積立金が安すぎて、将来の資金ショートが目に見えていました。防ぐためには積立金の値上げが急務でした。

管理組合の議決は多数決が基本です（建て替えは5分の4、重要事項は4分の3の賛成が必要です）。ですが、マンションの住民の間には、資産や収入、そしてお金の感覚にばらつきがありました。一番高い物件と一番安い物件とでは、購入できる経済力に格差があります。よく、タワマンの高層階と下層階の住民の「格差」が問題になりますが、ふつうのマンションでも同じです。

モトザワの買った物件は、ほとんどの購入者が30代のファミリー層でした。ローンを払うと生活がギリギリの世帯もあるようでした。将来のマンション全体の価値を保つより、明日の自分の生活を憂える住民の反対で、結局、修繕積立金は十分な値上げができませんでした。将来につけを残すことになりました。

そんな管理組合で、最上階の泥棒対策のルーバルの柵なんて、設置が認められるはずもありません。被害に遭った住戸だけでなく、マンション全体の資産価値につながるのですが。この経験が私に、分譲マンションはイヤだ、「みんなで決めなくてはいけない」区分所有は向かない、実住用に買うなら、自分一人ですべてが決められる一戸建てがいい、と思わせました。

そのうえ困ったことに、「泥棒マンション」の部屋はオーバーローンで売るに売れない、という事態に陥りました。売却価格が、新築時の購入金額より2割以上も下がっていたからです。私の払った頭金は1割。つまり、住宅ローンの残債を清算するためには、残り1割分を自力で用意する必要ができたのです。あと500万円近く。

その不足分をどうするか。銀行は、担保（土地などの不動産）がないと貸してくれません。会社に信用があっても、モトザワが高給取りでも、まだ若くてこれからバリバリ稼ぐ可能性があったとしても、ダメです（ちなみに米国では、個人の信用保証として、貯蓄額ではなく、仕事ぶりや将来性を見てくれると聞きました）。

結局、どうしたと思いますか？　無担保で借りられたのは、なんと、クレジットカードのキャッシングと、生命保険の契約者貸し付けだけでした。前者で利息10％以上！、後者も5％超と、高利貸しでした。でも、背に腹は代えられません。なんとかローン完済のめどが付けられて、マンションを売却できました。モトザワは、古くて狭いが安い賃貸マンションに引っ越して、こつこつ返済しました。もちろんしばらく貯蓄ゼロのままでした。

このとき、新築はコスパが悪い、と痛感しました（2023年現在は、不動産バブルなので事情が違いますが）。新築の場合、ふつう、価格の2割が広告宣伝費で、買った途端に価値は8割に下がると言われます。フルローンといって諸費用だけ自己資金で、全額をローンで組める物件もあります。でも、一般的な元利均等払いの住宅ローンだと、当初の返済は利息ばかりで、ちっとも元本返済は進みません。結果、購入から間もない売却は、オーバーローンが残るわけです。

不動産を買うリスクとして、「出口戦略」、つまり売却時の難しさが挙げられます。投資用以上に、自分で住む「実住」用のほうが、失敗した時のダメージは大きいです。買った物件がイマイチだったら「売れば良い」とよく言われますが、現実には、当時のモトザワのようにオーバーローンで売るに売れなくなることがあります。そうなると、我慢して住み続けるしかありません。「♪買うはよいよい、売るのは恐い」、購入時から売却を想定しておかないといけないのです。

でも懲りないモトザワは、やっぱり家は欲しい、マンション（区分所有建物）はイヤだから一戸建てにしよう、と思いたちました。そして約5年後。ようやく借金を返し終えたところで、土地を買って上物を建てようと、都内の借地に目をつけました。借地なら会社員でも買える価格だからです。

狙ったのは原宿から六本木エリア。当時、まだ小さな一戸建てがぽつぽつ残っていました。裏原宿（ウラハラ）のあたりに、小ぶりな良い借家が売りに出ているのを見つけ、買いを申し込みました。ですが「女性差別」に直面しました。借地の場合、売主が売りたくても、大家が承諾しないと売れません。若い女になぞ売ってほしくない、と大家に断られて、原宿の借地購入の話は流れました。残念。

けれど、まだ諦めません。次に「買い」を入れたのは広尾駅徒歩圏の借地でした。古家付きの狭小ですが、道路に面した整形地でした。大家は寺なので手堅く、借地契約が途中で反故にされる心配はなさそうです。手付けを100万円打って売買契約をしました。

友達の建築家3人に設計コンペを依頼し、案から一つを選び、基本方針を決めて、さあ建てましょう、となったところで、建築家の一人が「待てよ」と言い出しました。建て替えできない土地じゃないか？　と。役所で調べてくれ、やはり新築は建てられない（再建不可）と分かりました。売主はＯＫと言っても役所はＮＧ。知らずに、上物を建てられない土地を売りつけられるところでした。不動産屋に乗り込み、契約を白紙撤回させました。手付けの１００万円は返ってきましたが、夢の注文建築計画は白紙です。残念。

また探しました。次はリーマンショック前の２００４年に、今度は表参道に3階建ての狭小中古住宅を見つけました。女一人が住むには十分です。南向きで日当たりも良い。買いたい！　価格も手頃でした（信じられないことに、当時４０００万円台！　でした）。

でも、今度は銀行で住宅ローンを断られました。理由は、狭小地で（土地面積が30㎡弱だった）、中古木造だから（たかだか築20年ですが）、でした。頭金を5割ほど用意しないとダメだと言われ、泣く泣く諦めました。

現金がないと家なんて買えないのね、と思い知りました。ああ、あの時、貸してくれる金融機関があったらなあ、頭金を持っていたらなあ——今も、その場所を通るたび、切ない気持ちになります（どなたが買ったのか知りませんが、今もその住宅は建っています。たぶん今なら1億円近くするでしょう）。

なんてこったい！　結局、サラリーウーマンの私は、欲しい不動産を買わせてもらえないんじゃないか!!　親が資産家じゃない庶民は結局、賃貸に住むしかないのか。いいよ、それなら。一生賃貸族でいくから！　と、そこでモトザワは〝賃貸族宣言〟をしたのでした。

だって、「酸っぱいブドウ」じゃないですが、経済的には賃貸のほうがお得なんです。流動性が高く、ダメな部屋だったら引っ越せます。変な人が隣に引っ越して来ても、周囲で殺人や傷害事件が起きても、隣で孤独死されても、賃貸ならば逃げられます。その家から出て行く自由があります。所有していないので、固定資産税など税金も払わなくていいです。エアコンが壊れたり、雨漏りや不具合が出たりしても、自分で直す必要はなく、大家に言えば修繕してもらえます。

さらに会社員のうちは、家賃補助もあります。敷礼金と引っ越しの手間をいとわなければ、転居すれば常に、最新設備の新しい部屋に住み続けられます。購入となると絶対手が届かない好立地や都心でも、賃貸ならなんとか住めます。実際、私は青山や大手町に賃貸で住んでいました。30代前半から再び家賃を払い続けて四半世紀。横目で見てきた不動産広告を、ふたたび真剣に見る日々が始まるとは、まさか、思ってもいませんでした。

いっぽう、この間に、モトザワは最初の投資用マンションを購入しました。港区のワンルーム物件で、自分が住むには狭いけれど、貸すなら良いとの判断です。これまでに不動産は、実家の住み替えも含めると、購入を7度、売却を3度、経験しました。私ったら、どれだけ不動産が好きなんだか！

会社の退職金も注ぎ込み、いまは大家業をしています。とはいえ、けっして順風満帆ではなく、投資物件でも黒歴史のオンパレード。台風による風害や雨漏りの補修、老朽化によるガス管工事、管理会社による家賃持ち逃げ、店子の家賃踏み倒し、夜逃げ、破産——これでもかと、次々と問題が起こります。まるでリアル無理ゲー、やっぱり不動産業界は魑魅魍魎（ちみもうりょう）。これまでに注ぎ込んだ累積投資と負債を数えるのが恐いほどです、苦笑。

無理筋挑戦 編

禁断の戸建て業者で「たらい回し」の目に

身の程知らず？

家探しチャレンジ、私の次の挑戦は「禁断の一戸建て」です。果敢（無謀？）にもアタックした結果——「身の程」を思い知らされました。「一昨日来やがれ」の塩対応をされ、物件の内見すら、させてもらえずじまい。そして夢から覚めました。そうです、首都圏で一戸建てなんて夢のまた夢。「アラ還、独身、女性、子なし、フリーランス」ごときが、一戸建てが買えるかも？　なんて、いっときでも勘違いしたのが、悪うございました。

最初からお話ししましょう。

まずは、いつものごとく、インターネットで「中古一戸建て」を、予算5000万円（ちょっと背伸びしました！）で検索しました。——これが、見つかったんです！　あったんです!!　しかも、当初考えていた実家近くのエリアでした。ファミリー向けマンションしかなくて諦めたエリアの、駅徒歩15分に、狭小戸建てを、しかも、４４９８万円で見つけたのです！　なんと!!　予算内です！

狂喜乱舞しました。マンションと同じ予算で、一戸建てが買えちゃう、ってこと～？　土地83㎡、建物１０６㎡、木造3階建て、築25年以上の中古物件ですが、２０２２年に水回りをリフォーム済みとのこと。土地権利も、借地でなく所有権です。

接道も公道に５ｍで、再建不可物件ではなさそうです。一戸建てで注意したいのは、公道に接道していないとか、自治体の条例による規制ができたとかで、建て替えができない「再建不可物件」です。その場合は将来、老朽化しても建て替えはできず、梁や柱を残しての大規模リフォームをするしかありません。

でも、この４４９８万円の物件は、接道条件はクリア。ほかに条件の表記もないので、再建は可能なようです。あとは水回りの状況次第です。これは現地を確認しなくては！

ショートメールでアポ当日朝にドタキャン

さっそく、この物件を扱っている某有名不動産業者O社に連絡しました。次の日曜の午後イチで内見申し込みを入れ、物件前で待ち合わせたいので住所を教えてほしいと伝えました。ですが担当のF氏から、前日の土曜に電話があり、物件前で直接待ち合わせではなく、まずは事務所で説明をしたいと言われました。しょうがない、ローンの相談もあるしなと思い、午後1時に事務所に行き、3時頃から物件を内見する、という段取りに。

ところが当日朝10時18分。F氏から携帯のショートメールに突然、キャンセルの連絡が。「お申し込みが入ってしまい、ご案内ができなくなってしまいました」。なんと！ 内見予定の当日朝に申し込みが入ったの？ そんな朝早く？ でも、しょうがないです、申し込みが入って売主が募集をストップしたら、内見はできません。

この物件には「値下げ」と表示がありました。価格を下げた途端に売れてしまうのはよくある話です。では説明だけ聞きに行きますとショートメールでレスしたら、忙しくなってしまったのでリスケで、とのこと。しかもF氏は今日で退社するので別の人に引き継ぎます、といいます。

なんじゃそりゃ、です。退社日ぎりぎりまで働かせてるブラックな会社なのでしょうか。ブラックな会社だから退社してしまうのでしょうか。仕方ない、日程は組み直しです。

――はあ残念。売れちゃったのかあと、このとき、私はバカ正直に信じていました。

そして数日後。性懲りもなく私は、また狭小戸建てを不動産サイトで探しました。今度は、あるわけがないと思いつつも、都内で検索しました。すると――まさか！ また、見つかったのです。4780万円！　世田谷区で、土地35㎡、建物40㎡の木造2階建て。しかも今度は新築です！　土地も、狭いものの、借地ではなく所有権です。

またもO社の物件でした。どこか胡散臭(うさんくさ)さを感じながらも、またも内見申し込みの連絡を入れました。担当の営業所が違うため、F氏が引き継ぐと言っていた後任とは違うO氏が担当でした。O氏は詳細情報をメールで送ってくれました。

それによると、都内の私鉄駅徒歩3分。住所から調べても事故物件ではなさそうです。墓地も川も大病院も半径1㎞以内にはなく、公園は近く、環境は良さそうです。土地も建物も狭いですが、私みたいな単身には問題ありません。希望エリアではないものの、憧れの一戸建てです。次の土曜の午前11時半で内見を申し込み、物件前で落ち合うことに。

ところが金曜夕方、O氏から突然、電話がありました。O氏はいきなり当方の年齢、職業、自己資金、確定申告の税引き後の「所得」の金額を尋ねました——とても失礼です。一面識もない相手に、電話で聞くような話じゃありません。嫌～な感じです。「ローンの相談をしたい」と伝えると、「大丈夫じゃないですか。3000万円とか借りられるんじゃないすかね」と、O氏はさらり。それなら私でも買えそうです。でも翌日は、物件前待ち合わせでなく、営業所に来てくれとのこと。午前11時半に渋谷の営業所で資金の相談をして、その後に内見させてもらう段取りになりました。

たらい回し

ところがところが、です。いざ当日、またもスケジュール変更です。O氏から朝8時31分にメールが来ました。「直前で恐れ入りますが、渋谷センターのお席が2件の契約が入ってしまい、確保できなくなってしまいました。大変申し訳ございませんが、桜新町センターにお越しいただきますようお願いできないでしょうか」。しかも、できれば時間を30分早めてほしいと。さすがの私も、どうやらおかしいと気づき始めました。

資金計画と属性の話をする前は、渋谷で良いと言っていたのに、こちらの懐事情が分かったら、別の場所に移されるとは。明らかに、先方にとって私は狙った客じゃない、パスしたいと思われて避けられている、ということでしょう。場所や時間を変えて、私からアポをキャンセルするのを狙ったのでしょう（渋谷より桜新町のほうがモトザワの自宅から遠いのに、時間を早めてほしいっていうのは、明らかにリスケ狙いですよね?-）。

でも、ここまで邪険にされると悔しくて、逆に話が聞きたくなりました。O氏の言う通り、桜新町の営業所に行きました。そしてようやく、本当に「たらい回し」だったと確信できました。「担当者です」と登場したのは、O氏ではなくS氏。これまでメールも電話もしたことのない、初対面の頼りなさそうな若者だったからです。

S氏はおそらく入社数年、20代です。物件資料すら持たずに現れ、「内見の前にまず、お話を」と言いました。あとで考えると、「一戸建てを買うのを諦めさせる＝あんたは客じゃないよと分からせる」説得係だったようです。内見は、客にしかさせないのでしょう。

「一戸建てでのローンのご相談ですよね」と、S氏は説明を始めました。

「自営業の方だと、全期間固定金利のフラット35で組むしかないんですよねえ。フラット35は、ローンが組みづらい人が組めるように、っていうのが趣旨なので。でも厳しい要件を満たさないといけません」。主な要件は以下の通り。

①戸建てなら床面積70㎡以上
②年間の返済比率は35%以下
③申込時70歳未満、80歳完済
④再建不可物件は不可
⑤建物は新耐震

お気づきでしょうか。すでに私はアウトです。世田谷区内の4780万円の物件は、土地35㎡、建物40㎡しかありません。①の床面積で、そもそも対象外なのです。

私のような「アラ還、独身、フリーランス」の場合、住宅ローンは「フラット35」しか使えない、フラット35が借りられないならローンは無理だから物件は買えない、以上終わり、ちゃんちゃん、なのでした。

ちなみに2023年3月時点で、フラット35の金利は1・96％。民間銀行の変動金利0％台に比べるとかなり高いですが、不動産担保ローンに比べれば、ずっと低いです。

そうか、だからこんなに塩対応でたらい回しにされるのか、と、ようやく私は合点がいきました。フラット35しか使えない属性の私は、O社には「お呼びでない」のでしょう。

ローンが組める会社員だけがターゲット？

でも、O社の取り扱い物件には、床面積70㎡未満の狭小一戸建てが多いです。世田谷区のこの物件を含め、フラット35の使えない狭小住宅を、いったい誰が、銀行や信金から住宅ローンを借りて買えるのでしょう。それは、属性の高い顧客——ローンが通りやすい公務員か会社員で、できれば既婚者で、35年ローンが借りられる45歳以下の人——なのでしょう。そういう高属性の若者がO社のターゲットで、だからテレビCMも、若いタレントを起用しているのに違いありません。なら、はっきりホームページに書いてくれたらいいのに。「45歳以下の会社員・公務員しか扱いません」って。

ショックを受けながらも、私はS氏に聞きました。もし、私が会社員だったら、フラット35じゃなくて借りられました？ S氏は答えました。「はい、会社員で同じ年収だったら、普通に銀行ローンが借りられたから、この物件は買えます」。

単身者でも？「はい。会社員なら、単身者でもローンがつくでしょう」。女性の単身者で、御社で狭小一戸建てを買う人って、いますか？

「いらっしゃいます。30代の独身女性で、買われた方がいます。でも、1LDKの狭い物件じゃなくて、将来、結婚したり家族が増えたりして住み替えをする時に売りやすいように、もう少し大きめの物件を購入するようにお勧めしましたけれど」

フリーランスはつらいよ、ってことですね。年齢差別よりも単身者差別よりも女性差別よりも、会社員じゃない、という属性差別が最大に響くんですね。よーく分かりました。

S氏は続いて、一戸建てよりマンションのほうが、いかにいいか、こんこんと説きます。O社は戸建ての仲介業者なのに。「マンションと戸建てを比べたら、マンションのほうが住みやすいんじゃないですか？ マンションなら階段がないですけれど、戸建ては必ず階段があります」。年をとったら大変ですよ、と暗示します。

「ゴミ捨ても、建物内のゴミ置き場にいつでも捨てられるマンションと違って、大変です。ゴミ捨て場の掃除当番が町内会で決まっていたりして。それに戸建ては、お高いハウスメーカーさんの注文住宅と、そのへんの建て売りの安い木造とではピンキリですから」

おいおい、O社の物件は後者じゃないって言えるのかい？　と苦笑してしまいます。でもここまで熱心に、「戸建てはやめろ〜」と説得されるとは、よほどO社は私を追い払いたいようです。アラ還・フリーランスのためにローン先を探してくれる気はないようです。

「分かりました。私が買えるとしたら、現金買いだけ、ってことですね！」

私の嫌味も、S氏には暖簾（のれん）に腕押し。「はあそうですね」と、気のない返事でした。もし私が、投資用物件を整理して現金を持って来たら、どうするのよ、同じ失礼な態度なの？　馬鹿にしやがって〜!!　きい〜、悔しい〜!!　腹が立つ〜!!

「リ・バース60」は、アラ還の強い味方

でも、60歳以上の人を対象にした（一部銀行では50歳から申し込み可能な）住宅ローン「リ・バース60」はどうでしょう。リフォーム系不動産会社のB社では、中古マンションだと頭金が半分要るので使い勝手が悪いと言われた、住宅金融支援機構（旧・住宅金融公

庫）による融資です。

「リ・バース60」は、我々アラ還の強い味方です。リバースモーゲージ（不動産担保ローン）の仕組みを利用して、月々の返済は利息だけなので、収入が年金だけの人でも組めます。生きている間は融資を受けた住宅に住み続けられ、死亡後に、担保とした不動産を銀行が現金化して清算します。私のように財産を遺すあてのない単身者には、かえって財産の死後整理が託せて好都合なくらいです。O社の扱う一戸建てにも、このローンが使えるのではないでしょうか。

前にも書きましたが、この融資は、老後の住宅の住み替え・リフォーム用です。例えば、土地を買って一戸建てを建てたり、いま住んでいる古い家を建て替えたりリフォームしたりする時、この融資が受けられます。また、自立した高齢者向けのマンション「サービス付き高齢者住宅（サ高住）」の入居一時金の支払いにも使えます。元金据え置きで支払いは利息だけなので、利率は普通の住宅ローンより高いものの、支払額は少ない計算です。

支援機構のサイトによると、申込時の年齢は平均69歳。半数ほどが60代で、70代も多く、わずかですが80代以上の人もいます。本人年収は平均３９２万円ですが、２００万円以下の人も2割ほどおり、３００万円以下だと3割ほどになります。ふつうの住宅ローンを借りるのは難しい高齢者が、自宅に住み続けられるようにと用意された「セーフティーネット」であることが分かります（相続人のいる高齢者の場合、死亡時に担保物件を清算する代わりに、相続人が一括で元金を支払って物件を相続することもできます）。

融資額の上限は８０００万円です。ただし、物件の担保評価額の50％または60％までしか借りられません。ここがくせ者です。担保評価額は、一般的に、時価の６割〜８割とされ、築年が古くなるほど低くなります。

賃貸と購入の中間的な「いいとこ取り」

つまり、リ・バース60を使って借りられる限度額は次の通り。

物件購入額×担保評価割合（０・８〜０・６）×融資割合（０・６〜０・５）＝物件価格×（０・48〜０・３）

物件価格の半分から３割ほどしか融資を受けられないわけで、残りの半分から７割は自己資金で用意する必要があります。とはいえ、メリットは大きいです。

具体的な数字で考えてみましょう。

例えば、３０００万円の新築戸建てで、担保評価額も３０００万円と計算してもらえた場合、融資限度額が50％だったならば、１５００万円をローンで借り、１５００万円は手持ち資金で用意することになります。

機構によると、新築物件購入で借りる1500万円を、リ・バース60ならば、変動金利3・0%で、月々約3・8万円の返済で済みます。同じ1500万円を、普通の住宅ローンで返すとなると、元金も返すため、金利が1・0%と低かったとしても、月々約6・9万円の返済になる（返済期間20年）試算です。

つまりリ・バース60なら、ふつうの住宅ローンの半額ほどの支払いで、死ぬまでずっと、その物件に住み続けられるのです。住居費が浮く分、年金や貯蓄は、生活費や他の支出に回すことができます。

もちろん、ふつうの住宅ローンなら、いずれ返済は終わり、そのときには物件は購入者の所有物になりますが、リ・バース60だと自分のモノにはなりません。頭金は入れていますが、どれだけ長期間利息を払い続けても、元金は1円も返さず、借りたままだからです。

それでも、月々の支払いが賃貸よりも安く抑えられるうえ、賃貸物件ならば常につきまとう「追い出される不安」がないことを思えば、賃貸と購入の中間的な「いいとこ取り」と言えるでしょう。精神的には、よほど豊かで安定して過ごせそうです。

注意事項としては、前にも書いた通り、物件の担保価値が十分ある物件しか融資の対象にならない、ということです。新築物件ならばいいですが、中古物件を買う場合は担保評価額が下がります。リ・バース60を使う場合に必要な自己資金は、物件価格の半分どころか、もっと多くなります。

中古一戸建ての場合、上物の価値は経年につれてどんどんゼロに近くなり、土地の価値だけになりますから、担保価値だけを考えれば、上物は新しく建てるか大幅リフォームをするほうが、ローンを付けられやすいでしょう（環境にやさしくとか、持続可能な開発目標SDGsといった考え方には逆行しますけれど）。

そもそも首都圏では、新築で3000万円などという安さの物件はあまり現実的じゃありません。もう少し予算を増やさないと物件はありませんが、予算が上がれば、当然、用意する自己資金も増やさなくてはいけません。その意味で、そもそも手持ち資産のある人しか使えない制度ではあります。

でも、ずっと社宅暮らしだったとか資産運用をしていたとか、または相続した実家の土地建物があるとかで、手持ち資産があり、かつ、ふつうの銀行ローンが難しい年齢や属性の人の場合は、リ・バース60という手がある、と覚えておいても良いのではないでしょうか。ことに後期高齢者になった後、サ高住に入居したいと思った時には、リ・バース60は強力な助っ人になってくれそうです。

「リ・バース60」を知らない不動産業者って、どうよ？

O社桜新町センターでのS氏との面談に話を戻しましょう。リ・バース60を使って戸建てが買えないのか、最後に私は尋ねました。今回、私が内見したいと言った世田谷区の物件は、「新築一戸建て」です。借地権でもありません。フラット35などふつうの住宅ローンとリ・バース60とでは融資条件が違うのではないかと思い、S氏に聞いてみました。

ところがS氏は、きょとんとしたまま。「そんなの聞いたことがないです」。そもそもリバースモーゲージを知りません。S氏は事務室に戻って先輩に聞いてきましたが、先輩も扱ったことはない、と。挙句、「リバースモーゲージは、購入時に全額支払わないといけないそうです」。いや、それは「リ・バース60」でなく、ふつうのリバースモーゲージ、またはリースバックという金融商品（不動産を担保に生活資金を借りるローン）です。なんと不勉強な!! 私より不動産の知識がない不動産営業マンて、どうよ!?

語るに落ちたな、と思いました。O社では、はなから50代以上を顧客と思っていないのでしょう。リ・バース60を使わなくてもいい、マニュアル通りに売れる30〜40代の会社員や公務員だけを対象にしているってことです。

帰り際、S氏に「ご案内できない物件を紹介してしまってすみません」と言われました。

暗に、私には一戸建ては「分不相応だ」って言ってます。失礼な。営業所を出てから振り向いたら、S氏は見送ってもいませんでした。すっごいピーカンの天気だったのに。

たいていの不動産仲介業者は、雨の中ですら、客が次の辻を曲がるまでは見送るものです（丁寧すぎる、過剰だと、見送られるこっちの気が引けるくらいに）。はいはい、顧客じゃないから、お見送りも適当なんですね。おーい、アラ還のみなさ〜ん、O社の物件は見なくていいですよ〜、どうせ買わせてもらえませんから〜！

「釣り物件」だった？

ちなみに。その後、性懲りもなく物件情報を検索していて、私はある発見をしました。最初に「お申し込みが入ってしまい」とO社から内見を断られた一戸建てが、1カ月経ってもまだ、売れ残っていたのです。価格は同じまま、別の業者によって販売中でした。O社のサイトや情報では、物件の住所を明かしていませんでしたが、他の条件が同じでした。同一物件とみて間違いないでしょう。また、O社で内見させてもらえなかった世田谷区内の物件も、その後も販売中でした。こちらはO社以外の複数の業者が媒介業者として情報を出しており、なかなか売れずに苦戦していることが推察されます。うむ？　もしかしたら、O社にとってこれらは、いわゆる「釣り物件」だったのでしょうか？

釣り物件とは、顧客になりそうな人を「釣り上げる」ためにネットに載せる、お得な物件のことです。ネット検索で釣り物件にひっかかって訪れた顧客を、業者は「申し込みが入った」などと言い訳をして、他の（本当に売りたいほうの）、もっと高かったり条件が悪かったりする物件に誘導します。

賃貸業界では釣り物件による顧客の囲い込みが横行し、中には架空の物件をでっちあげて「おとり広告」にしていた悪徳業者もあり、問題視されました。ですが、まさか戸建ての売買で、しかも、テレビCMもやっているようなO社が、そんな小ずるい手法で顧客を漁（あさ）っているかも、だなんて!?

O社の場合、〝釣り物件〟疑惑の物件は、架空ではなく、実在はします。募集はしていますから、宅建業法等に違反する「おとり広告」とは違います。「申し込みが入った」という理由や他の事情で、内見させてくれなかっただけですから、違法とは言えません。

さらに「他で申し込みが入った」という理由が虚偽だったかどうかも、確かめようがありません。もしかしたら本当に、申し込みが入って売買契約まで行ったのに、後日キャンセルになった、または契約が不成立に終わった、という可能性も（考えにくいですが）ないとは言えません。

道義的には疑問でも、法的にはグレーゾーンです。でもおそらくO社は、はなから、〝釣り物件〟を売るつもりも、内見させる気も、ないのだろうと推測します。4000万円台の〝釣り物件〟をネットに載せたのは、一戸建てにも「手が届くかも」と、マンションを検討中の30～40代の客を振り向かせるのが目的だったのでしょう。違う営業所で同じ手法で、私が何度もたらい回しにされたことを考え合わせると、会社ぐるみの「上客」獲得マニュアルがあるのではないかと疑ってしまいます。

20～40代の会社員・公務員のみなさま、釣り物件にはくれぐれもご注意を。集められた顧客候補のうち、あなたがたのような「即ローンのつく上客」は、よりお高い物件を売りつけられる可能性が大、です。しかも決断を急がされて、つい購入申込書にサインしちゃいがちです。

私のようなフリーランサーは最初からけんもほろろなので、注意する必要もありません。たらい回しされて会ってさえもらえない、懐事情だけあれこれ聞かれた挙句、買わせてもらえず雑にあしらわれるという、心が折れる悲しい体験をするだけです、涙。

夢のコーポラティブハウス
「自由度」の代わりに「手間・暇・金」

分譲マンションと注文建築のいいとこ取り

予算を無視してどこまで行けるか――半ばやけですね、私。Mかもしれません、苦笑。狭小戸建てのO社みたいにディスられて、また傷つくかもとびくびくしながら、今度は、ネットで検索して見つけたコーポラティブハウスのプロデュース会社を訪ねました。

コーポラティブハウスとは、管理組合の前身となるマンションの住民組織を最初に作り、それぞれの部屋を各自が自由に設計して建てるマンションです。普通の分譲マンションが「建て売り住宅」なら、コーポラティブハウスは「注文建築」。新築マンションが高騰している今、ふつう割高なコーポラの価格が、分譲と大差なくなっています。不動産好きにとっては、土地を買って建築家と建てる注文建築の一戸建てと並ぶ「理想の家」です。

心中、「ごめんなさい、買えないくせに興味本位で話を聞きにきました」と、どきどきしていたのですが……。意外なことに、説明会に申し込んだ2社とも気持ちよく話を聞かせてくれました。こちらの懐事情を聞いても嫌がらず、ローンの相談にも乗ってくれました。

最初に行ったX社では、アラフォーと思しきS社長自ら、気さくにコーポラハウスの特徴や事業資金の仕組みについて教えてくれました。「コーポラティブハウスは、マンションの注文建築だと思ってもらえればいいです。複数の参加者が一緒に、注文建築でマンションを建てます」。分譲マンションと一戸建ての注文建築のいいとこ取りだと言います。

自分好みのオリジナルの部屋

普通の分譲マンションは建て売り住宅と一緒で、最初から各戸の間取りも内装も設備も決まっています。いわばお仕着せです。でもコーポラハウスの場合、法的・技術的・予算的に許す限り、居室内は自由設計です。間取りも設備も、建築家と一緒に考えて、自分オリジナルの部屋にできます。まさに注文建築です。

結果、すべての住居がばらばらで、一つとして同じ間取り・仕様の住戸がない、個性的なマンションが出来上がります。自分一人で注文住宅を作ることは不可能な好立地に、みんなで一緒に共同住宅を建てることで、自分好みのオリジナルの部屋が手に入るのです。立地と間取りの自由度は一戸建て、金額はマンションです。

例えば、都内の住宅街（第一種低層住居専用地域）に、２００坪の土地が出たとしましょう。すごい大豪邸が建てられますが、買える大金持ちは少ないでしょう。でも絶対高さ制限や建ぺい率・容積率など、用途地域の制限があるので3階建ては難しく、開発業者が分譲マンションを建てて売るにも採算が取りにくいでしょう。

また、地域によっては、狭小戸建てが乱開発されて、地域が木造密集地域（木密）になるのを防ぐために、最低敷地面積を定めている区もあります。そういう地域では、広い住宅地を小さい区画に分割して、狭小戸建てを建てて売ることもできません。

こんな土地こそ、コーポラティブハウスの候補地です。X社のようなプロデュース会社が土地を仕入れて、参加者を募ります。参加者が建設組合を結成して、設計者と施工者に発注し、自分たち好みの共同住宅、コーポラティブハウスを建てるのです。

この時、X社は、設計や不動産の素人である参加者たちへの助言係を務めます。プロデュース料をもらって全体の進捗(しんちょく)を管理し、建築家や施工業者を選定・依頼・監理します。住宅ローンをつけてくれる金融機関も探してきます。

参加者＝購入者は、普通の分譲マンションとは違って、受け身でなく、主体的に動かざるを得ません。建物の発注段階から、1カ月か2カ月に一度程度、みなで集まって話し合い、さまざまなことを決めていく必要があります。

X社の場合、進行中の都内のプロジェクトで、たまたま再募集の住戸が出ました。私が聞きに行ったのは、この再募集住戸についての説明会でした。コロナでプロジェクトの進捗が遅れ、キャンセルが出た、けれど、すでに工事は始まっている、とのことです。

「ということは、もう住民同士の話し合いも随分進んでいるってことですか？　もうコミュニティーが出来上がっちゃっているなら、今からだと、入りにくいんじゃないですか？」

心配する私に、S社長は、心配する必要はないと説明しました。

「コミュニティーといっても、そんなには濃くないですよ。あまり話し合いが多すぎると重たくなるじゃないですか。コミュニティー作りが目的じゃなくて、建物を作る中でお互いに、参加者の顔が見えてくる、こんな人がいると顔見知りになっていく感じです」

「躯体（スケルトン）」と「内装（インフィル）」

実際のところ、マンションは運命共同体です。普通の分譲マンションでも、購入後は住民（区分所有者）が全員で管理組合を結成し、意思決定をしなくてはいけません。前にも書きましたが、建物の躯体や共有部分は、全員で維持補修をしなくてはいけないからです。

ここで、簡単にマンションの権利について説明しましょう。建物には「躯体（スケルトン）」と「内装（インフィル）」があります。「躯体」は建物の構造や枠組み。管理組合で、所有者みなで話し合って決める共有（共同所有）部分。「内装」はそれぞれの住戸内、個別に手を加えていい専有（単独所有）部分です。

集合住宅などのビルで、梁、柱、床など建物そのものを支える構造が躯体です。外壁や屋上防水、バルコニー防水などで、雨風や日照などの劣化要因から守っています。これは所有者全員が共同で管理するもので、誰かが勝手に手を加えたり変えたりできません。劣化しないよう、長期修繕計画を立てて、適切な時期に点検・修理をする必要があります。

外壁や屋上、ベランダのほか、窓や玄関ドア、廊下、エレベーターや非常階段、給排水管やガス管の縦管（本管）なども共有部分です。窓の内側に内窓（インナーサッシ）を設置することはできますが、窓そのものはいじれません。例えば、隣の公園から飛んできたボールで窓が破られたとしても、管理組合の議決を経ずに勝手に修理することはできません（現実的には、管理組合に届け出ると、組合の理事会が、総会を待たずに緊急避難的に補修をし、のちに管理組合総会で全体の了承を得る、という手順になります）。

一方で、区分所有している自分の住戸は、壁や天井、窓の内側からが専有部分です。ここがインフィルです。間取りの変更も、配管や配線の取り替えも、設備の新設や廃棄も、専有部分は所有者の責任でする必要があるし、自由にもできます。ただし、管理組合の細則で、リフォームは事前届け出が義務なら、工事前に届けを出す必要がありますし、フローリング禁止なら守らなければいけません。

建物の維持管理で肝となるのは管理組合です。補修を計画通りに実施したり、長期修繕計画を見直したり、突発的な事故に対応したり。どんな人が組合員（区分所有者）なのかによっても、管理組合の運営のしやすさは変わってきます。

コミュニティーを先に作るコーポラ

比較的、似た年収や価値観の人々が住むマンションならば意見はまとまりやすいでしょうが、いろいろな世帯が混在するのが区分所有物件です。上層階と下層階で購入金額の桁が違うタワマンでは、金銭感覚や経済的な余裕に大きな差がある世帯が共住しています。ファミリータイプとワンルームのある集合住宅では、実住と投資家とで建物の維持補修への考え方が違うかもしれません。特にお金がからむと、管理組合はもめがちです。

ですが、年齢や年収、職業、家族構成といった購入者の属性は、新築時にマンションを分譲したデベロッパーだけが知っています。区分所有で購入した住民同士は、入居後に管理組合が始まって初めて、ほかの購入者を知ります。区分所有者の中に、管理組合に非協力的だったり、お金にルーズだったりする人がいても、そのメンバーでやっていくしかありません。新築分譲マンションでは、管理組合の当たり外れは運次第のところがあります。

その点、コーポラティブハウスは、先に住民同士が知り合える長所があります。建物が建つ前にプロジェクト参加者で話し合うので、早くから居住者の人となりが分かります。どんな人が住むのか、隣や上下の世帯も顔見知りになり、人間関係もできます。入居後に初顔合わせとなる普通のマンションより、管理組合は運営しやすいでしょう。

しかも、コーポラハウスの多くは、数戸から十数戸と、コミュニティーを作りやすい規模感です。でも、だからこそ、コミュニティーが出来上がっちゃってたら、あとから輪に入りづらいと心配したのですが、S社長から緩いつながりだと言われて安心しました。

もう一つ、コーポラハウスならではの懸念は、将来、普通の分譲マンションのように売ったり貸したりできるのか、でした。S社長は爽やかに、全然大丈夫、と請け合いました。

「以前は、コーポラは売れないって悪評を立てられたこともありましたけど、そんなことないですよ。むしろ普通のマンションより資産価値が下がりにくいです。個性的なマンションですから、建築好きな人が買ってくれます」。

でも、コミュニティーがしっかりしている分、よそ者が入るのを嫌がって、賃貸を管理組合で禁じていたりするのでは？「いえいえ。普通に賃貸に出してますよ」。とある都内の物件は、立地もさることながら、カッコいい間取りが人気で、相場よりかなり高い30万円台で賃貸の募集を出したのに、あっという間に決まったそうです。「今ではコーポラ物件のファンもいます。賃貸や売買に出るのを待っている人もいます」。売買や賃貸で流通できるのならば、普通のマンションと条件は変わりません。

好きにすればするほどお金はかかる

やっぱり、問題はお金です。コーポラの場合、募集金額はスケルトン（躯体）価格です。これに内装（インフィル）代がかかります。間取りも仕様も設備も、好きにすればするほどお金はかかります。X社でもインフィル代は最低500万円、平均1000万円だそう。翌週に訪ねたY社では、最近は資材や人件費高騰のあおりで、インフィルは1000万～2000万円が平均とのことでした。つまり、募集価格が5000万円の物件は、計6000万～7000万円が必要です。住宅ローンは、「スケルトン＋インフィル」の総計で組めるそうですが、全然ダメです。こんな金額、もちろんモトザワには手が届きません。

それでも、近隣の普通の新築分譲マンションと比べると、「割安感がありります」とS社長は胸を張りました。確かに、立地やグレード、自分だけのオリジナルな注文建築の内装にできる自由度を考えれば、むしろ安いくらいでしょう。予算のある人にとっては。

デメリットは、時間と手間がかかることです。参加を表明して手付金を払ってから引き渡しまでに1年半〜2年半。その間、先述した通り、住民同士の話し合いがトータルで10回以上は持たれます。この手間や時間が惜しい人には、向かない物件でしょう。

会社員なら、「注文建築の新築マンション」が手に入るかも

ちなみに、ローンはどうでしょう。「フリーランスだとローンは難しいですよね？」と聞くと、S社長は正直でした。「フリーランスの人は、都市銀行はダメでしょうね。フラット35が大前提ですが、掛け合ってみないと分かりません」。

Y社でもローンについて尋ねました。「一戸建てなら、70㎡以上ないと住宅ローンがつきませんけれど、コーポラティブハウスの場合は70㎡以下でもいいんです」。一戸建て感覚で建てられるのに、ローンはマンションと同じなのは利点です。

「でも」と、担当者は、残念そうに言いました。「正直、銀行さんは、フリーはダメ、単

身者はダメ。ローンは厳しいですね」。ああ、ここに来てあからさまな「単身者差別」「フリーランス（職業）差別」とは。やっぱりね。正直に教えてくれてありがとうございます。

「フリーランス」「単身者」の現実を前に、尻尾を巻いて逃げ帰ってきました。

かくして、「ローンの壁」の前にあえなく撃沈したコーポラハウスですが、どんな間取りが良いかしらと、短い間でも「とらぬ狸」の夢を楽しませてもらいました。

でも、まだ会社員で、そして家にこだわりたいと思っている、そこのあなた。新築マンションを考えるほどの頭金と予算があるなら、コーポラティブハウスはお薦めですよ。ぜひ、一度、ネットで探してみてはいかがでしょう。一人では手の出ない高級住宅街に、みんなと一緒に買うことで、夢の「注文建築で新築マンション！」が手に入るチャンスが、転がっているかもしれません！

私はといえば、……いやはや、懲りないヤツです。コーポラティブハウスの「スケルトン＋インフィル」予算を考えれば、ふつうの新築分譲マンションに手が届きそう、と思ってしまいました。むしろ、かわいいくらいでしょう。

新築マンション！　なんという甘美な響き！

ハードルが高く、冷やかしでは、おいそれとは問い合わせできない新築マンションですが、勇気を振り絞ってチャレンジすることにしました。

新築マンションの誘惑
狭い、高い、誰が買ってるの？

「新築未入居」マンション、内見してびっくり

「すごい良い景色！」

南向きの窓の外には、都心のビル街と、広い空がありました。5階ですが、気分は10階です。高台にあるからです。あいにくの曇天でしたが、晴れていたら、どれだけお日様がさんさんと差し込んだだか。都会の一等地なのに！　思わず溜め息が出ました――モトザワはついに、新築マンションを見に来てしまいました。

2023年4月のある土曜日、「新築未入居」の2部屋の内見を予約しました。山手線内のターミナルS駅徒歩9分のAマンションと、同K駅徒歩4分のBマンションです。

ふつうマンションは完成前に購入するので、実物の建物は見られません。でも「新築未入居」は、完成している建物の中が見られます。完成前完売が当たり前で、完工後の空室

は珍しいのですが、ローンや買い換えの不成立などでキャンセル住戸が出たのでしょうか。ともあれ、モデルルームやCGではなく現地を見たい！　と、やって来ました。

実は、ちょっと下心もありました。かつて、バブルが弾けた後には、新築未入居物件は、こっそりお買い得になったものです。現地販売事務所（という名の建物内モデルルーム）に行くと、早く売り切りたいデベロッパーが、「ここだけの話」として値引きを提示しました。「家具付き販売」（実質的には家具代分の値引き）や、販売価格から2〜1割も下げた「値引き販売」も珍しくありませんでした。借入金の利息負担を考えて（当時の金利は7〜5％もありました）で、とっとと売り切って次の物件に行きたかったのでしょう。

——という過去を、モトザワは実際に見聞きして知っていました。だから甘い予想をしていたのです。今も、「新築未入居」物件は、デベロッパーが売りたいがために値引きをするんじゃないか、と。ですが、時代は変わっていました。値引きどころか……。

まずは、一つ目の物件Aです。冒頭の、眺望が素晴らしい高台のマンションです。27㎡5490万円と、狭いうえに予算も超絶オーバーですが、ターミナルのS駅から徒歩圏、もちろんオートロック、宅配ボックス完備、そしてホテルのような内廊下。内廊下は、古い高級マンションにはよくありますが、容積率不算入（延床面積に含めない）の法改正が1997年9月にされて以降増え、最近はブームが復活しているようです。

内見の時、ちょうどジョギングから帰ってきた住人の若い女性と、エレベーター前で行き会いました。外資系とかに勤めている高収入の独身者が買って住んでいる、という印象のマンションでした。

新築なら仲介手数料分が浮く

建物が完成したのは前年の2022年11月ですが、内見した部屋は、23年4月現在まで誰も住んでいません。住戸内はさすが新築。天井高も255㎝！　と高く、狭さを感じさせません。ちなみに天井高は、法律では210㎝以上と定められ、一般的な分譲マンションでは、最近でも235〜240㎝がふつうでしょうか。賃貸や古い分譲だと220〜230㎝になります。

27㎡なのに収納もあり、引き戸で仕切れば開口部に面したリビングが2室に分けられる、という最新流行の間取りです。最近は、20〜30㎡台しかない部屋でも引き戸で間仕切り、1ＬＤＫとして売り出す分譲マンションが目立ちます。狭くても寝室が確保できると、2人居住が可能になり割安感が出るからとされます。同様に賃貸物件も、古いワンルームを水回りの刷新とリビングの間仕切りで1ＬＤＫにリフォームするのが流行です。

A物件は新築ですから、もちろんバス・トイレ別、室内洗濯機置き場あり、床暖房、浴室乾燥機、食洗機と、最新設備もフル装備。眺望も立地も設備も素晴らしい。狭さと値段を除けば完璧です！　玉に瑕（きず）は、30㎡より狭いので、ローンを組むなら（実住用の）住宅ローンではなく投資ローンになる点と、住宅ローン控除が使えない点くらいです。

次に行った物件Bもまた、素晴らしい眺望でした。「いいですねぇ〜この眺望」。7階のモデルルームで、心から言いました。南向きのバルコニーの前、大通りを挟んだ向こう側に大きな公園があり、その緑が借景になっていました。並びも向かいも中低層の高級マンションが建つエリアで、ビル群の間からも空が見えます。K駅からの道も平坦で、猥雑（わいざつ）な繁華街のない、落ち着いた町並みでした。

物件Bは35㎡。直前に27㎡を見たせいか、十分広く感じました。天井高は245㎝と、やはり一般的な分譲マンションより高めです。二重床二重天井、スラブ厚20㎝と、性能面でも申し分ありません。床暖房、ミストサウナ、浴室乾燥機も付いています。もちろんオートロック、宅配ボックス完備、内廊下。ペット可マンションなので、ペット用足洗い場も共用部に完備とのこと。さらに、30㎡を超えているので、こちらでは住宅ローンが使えます（残念ながら40㎡以下なので住宅ローン控除は対象外ですが）。

ただし、Bも5570万円と、組み直した予算すら超えています。現地を案内してくれた担当者は、マンションを建てたデベロッパーの社員でした。「いいですよね、この景色。私が買いたいくらいです」と自画自賛します。半年ほど前の２０２２年9月完成で、ほとんどの部屋はすでに暮らし始めています。「残り3戸で先着順です。ローンの事前審査だけでも、受けておくことをお勧めします」と、しきりにローン審査を勧められました。

確かに、他の誰かが見に来て（見に来なくても）、買いを入れたら売り切れごめんです。新築には新築ならではのメリットがあります。デベロッパー直販だから仲介手数料が要りません。中古では物件価格の１割分かかる諸費用が、もっと安くて済みます。住宅ローンの金利の安さも魅力です。デベロッパーが提携銀行の提携ローンをセットしており、物件Bの場合で提携ローンの金利は０・３４５％！　高属性の上客向けの利率です。

住んでいることが誇れるような物件

でも私には、こーんな高額の融資なんて通らないでしょう。提携ローンの金利だって、最大の優遇金利は会社員だけで、フリーランスはもっと高くなるはずです。担当者は「このエリアで、南向きで、単身者向きの物件は、なかなかないですよ」と猛プッシュ。必要書類は後でメールで送ってくれればいいからと、強く勧められました。

翌日曜日は、こんどは新築の完成前販売住戸の説明を聞きに、大手デベロッパー2社のショールームに行きました。こちらは図面だけでの個別の販売説明会です。

私鉄J駅徒歩4分の物件Cは、北西向き4階30㎡4790万円。別の私鉄Y駅徒歩3分の物件Dは、南東向き7階43㎡5140万円。C、Dとも住宅ローンが使える広さですし、Dは住宅ローン控除も対象になります。オートロック、宅配ボックスは標準装備。狭ささえ我慢すれば、都内でも新築物件があるのです。

Cの場合、営業「チーフ」の女性S氏が担当として説明に現れました。個室面談で、マンション全体の概要や、どの部屋がどの向きでいくらかという詳細情報を聞きました。高級感のある内廊下、アートの飾られたホールなどの内装、スタイリッシュなデザインの外観。住宅街にある低層マンションで、主な購入者は高額所得層と思われる高級物件です。

建物の性能や設備、管理組合の運営補佐など、大手デベロッパーならではのグレード感でした。ただし、単身者向けの狭い部屋はほとんどが北向き。南向きは広い分高くなり、最低でも45㎡約7000万円でした。これじゃコーポラティブハウスと同じ予算です。ならば自由設計ができるほうがいいと、コーポラティブを選ぶ人がいるのも納得です。

とはいえ、J駅徒歩4分は魅力的です。なんとか荷物を処分して、30㎡に住めないかと、一瞬、真剣に悩んだほどです。押したら落ちると思われたのか、ここでもS氏から「ローンの事前審査を受けませんか」と、しきりに勧められました。「提携銀行の提携ローンを使えば、金利はわずか０・３４５％です」。これも前日のBと同じ金利です。

「ステキなデザインの外観ですよね」と褒めると、S氏から説得されました。「あの家に帰るんだ、ってわくわくするようなマンションに住んだほうがいいじゃないですか」。

確かにその通りです。築30〜40年の中古マンションは、どれほどきちんと維持補修をしていても、くたびれてきます。デザインも画一的な団地っぽいものが多く、内装は刷新できても、古びた外観は替えられません。どうせ住むなら、そこに住んでいることが誇れるような物件にしたほうがいい、というS氏の主張は納得感があります。

あやうく、30㎡の狭さに目をつむって、購入を申し込みそうになってしまいました。幸い、後ろに次のアポがあったため、書類は後で送りますと言って逃げて来ました。

妥協して良いことなんかない

続いて行った物件Dも、モデルルームでの説明による販売でした。対応してくれたのは女性M氏で、本社の販売部長でした（不動産業界は女性活躍が進んでいますね。モトザワが今回の取材で出会った優秀な営業担当は女性が多かったです）。

駅からすぐの立地、この2日間で見たどこよりも広い43㎡という広さ、南東向きバルコニー、物件の前が大通りで眺望・日当たりとも良好、という点は魅力的でした。7階なら、南西側のビルまで少し距離があるので日照も得られそうです。無理すれば5140万円が払えるかも？　と、大幅な予算オーバーなのに、うっかり夢見てしまいました。

ただし、Dには問題がありました。ここが「希望エリアじゃない」ということと、修繕積立金の少なさです。修繕積立金は、将来、多くのマンションで増額しますが、上げ幅が大きすぎると反対が起きてまとまらず、値上げできなくなります。結果、将来の修繕積立金が不足する事態になりかねません。なので、値上がり率が極端に高くならないよう、当初から比較的高めに設定しているデベロッパーもあります。ところがDは長期修繕計画はあるものの、修繕積立金はごく低い設定でした。

さらに最大にして代えがたい問題がエリアです。個別面談後にDの建設地周辺を散策し、食事や買い物もしてみましたが、ここがいい、住みたい、と思える要素はありませんでした。むしろ、場所で妥協して良いことなんかない、という感覚を思い出しました。

そう、30年近く前に初めてマンションを買った時、予算重視で立地に目をつむってどうなったか（詳細は126ページ～の番外編をご参照ください）。馴染みのないエリアに家を買うと、失敗のリスクが上がります。購入するならば、土地勘のある場所で家を探すほうが絶対いいです。賃貸で「お試し居住」して土地柄を確かめてから、物件を探してもいいくらいです。

Dは、数日後の資金相談会の際に断りました。この日はM氏はおらず、別の営業担当（こんどは男性）が現れ、しつこくねちっこく慰留されました。イマイチな理由として、修繕積立金の少なさを挙げ、将来の上げ幅が高くなるのが危険だと話したら、こう言います。

「どうせみんなずっとなんて住まないんです。10年か20年で出て行っちゃうんですから、その先のことなんて心配しなくていいですよ」

なんたる言い草！　デベロッパーとして、あるまじき無責任さです。モトザワは老後の住処のつもりなのに。一生そのマンションに住み続け、将来にわたって良好な維持管理をしたいと考える購入者も多いでしょうに。

さらにエリアがどうしても納得できないと話すと、「新築で、このアドレス（土地名）で、この価格は二度と出ない」だの、「（モトザワの）希望するエリアには、（モトザワが）買える価格帯の物件なんて出ない」だの。まるで当方の足元を見てディスるようです。

でも、営業マンが強調するほどDのエリアの土地柄が良いとは思えません。いま賃貸で住んでいる場所のほうがよほど良いです（もちろん、何をもって「良い」かは人それぞれですが）。そう話すと、「それなら一生賃貸で良いんじゃないですか！　賃貸のほうが良いと思いますよ、プロとしてアドバイスします！」と逆ギレされてしまいました。

そうですね、良いです、ないなら一生賃貸で、と、こちらも啖呵を切りました。

そうまでして買わせたいのでしょうか。ローンの事前審査もまだのうちから（審査で落ちるかもしれないのに、苦笑）。この営業マンの態度に腹が立って、こんな人からは買いたくない、と強く思ってしまいました。

時間が経って冷静になった今、Ｄの購入を申し込まなくて本当に良かったと、つくづく思います。希望エリア以外に買ったって、ろくなことはありません。変な営業マンさんありがとう、さっさと見切りがつけられたのは、あなたのおかげです。

不動産市場の問題点、濡れ手で粟の新築マンション投資

ところで、冒頭に登場した高台の物件Aは、「新築」なのに、案内してくれたのは、もともとの分譲会社ではない、別の大手不動産仲介業者X社でした。なぜでしょう。ここに、いまの不動産市場の問題点が隠れていました。

X社の担当K氏は、まだ20代と思しき、朴訥で正直な雰囲気の男性でした。なぜX社が「新築未入居」の他社物件を扱っているのか聞くと、K氏は内情を教えてくれました。新

築だけれど、分譲時に完売して、購入者が個別に売りに出している中古物件なのだと。

「この部屋のオーナーさんは資産家で、いくつも不動産をお持ちです。ここも当初、賃貸に出すか売るか迷っていらしたんですが、賃貸はお勧めしませんでした。早めに現金化したいそうで、ここは他の部屋に比べて、かなりお得な値付けになっています」

K氏から聞いた、マンション内で売り出し中の、別の部屋は以下の通り。

8階　7480万円　27㎡、南向き（5階と同じ間取り）
2階　6700万円　同、同
12階　6580万円　同、同
7階　6980万円　33㎡、北向き

いずれも「新築未入居」です。内見した部屋は5階5490万円、27㎡、南向きですから、確かに他の売り物件に比べれば「お得」です。

でも、クラクラしてきます。ターミナルS駅徒歩9分の新築とはいえ、27㎡に6000万～7000万円？　33㎡北向きに7000万円？　金銭感覚がおかしくなりそうです。

もとの分譲価格は、これよりも1000万～2000万円ほど安かったそうです。

これは「新築マンション投資」です。資産家が、現金または低利のローンで購入して、新築未入居のまま転売して、利ざやを稼ぐのです。買って売るだけで、濡れ手で粟（あわ）です。もちろん税金はかかりますし、融資を受けているなら金利負担もあるでしょうが、1年でこれだけ価格を上積みできるなら、年利20〜30％にもなる高利回りの投資です。

そもそも27㎡の不動産は、投資用ローンしか使えませんから、もともと実住よりも投資家狙いと言えます。余剰資金のある資産家や投資家が購入し、本来なら賃貸に出して、賃貸経営をします。でも、元々の分譲価格が相場より安かったか、分譲から物件引き渡しまでの間に相場が上がったかで、賃貸の利回りより譲渡による利回りのほうが相当高くなったのでしょう。すぐ転売して儲けるなんて、まるで大規模な「瀬取り」です。

こうした動きは、マンション市場全体をさらに押し上げます。こんな投資家がいるから、不動産価格がどんどん上がって、庶民が自宅を買えなくなってしまうのに！

実住よりも投資家狙い

不動産投資家にとっては、不動産投資はフローとストック、2つの利益が見込める投資です。売買の差額で儲ける譲渡益と、所有中に賃貸に出す賃料収入と。新築物件投資の場合、ひとたび賃貸に出して誰かが住んでしまうと、「中古」の「オーナーチェンジ物件」になります。実住用より安くなり、投資家にしか売れません。K氏が物件Aの所有者に賃貸を勧めなかったのも、このためでしょう。いま、実住用の築浅物件が不足し、中古相場が値上がりしている状況では、賃貸に出さずに数カ月から1、2年寝かせても、十分利益が出ると考えて、新築未入居のまま塩漬けにしている投資家がいるのでしょう。

そうした転売目的で購入したオーナーが何部屋も所有していると、空室だらけの幽霊マンションになってしまいます。実際、建ってから何年も一度も窓明かりのつかない部屋ばかりの都心のマンションを知っています。所有者は売買益や高額賃料収入を期待したのでしょうが、買える人も借りられる人もそう多くないでしょう。

でも、人の住まない部屋が多いのは、治安上も管理組合の運営上もよろしくありません。新築投資の対象にされたマンションの、他の実住用購入者にとっては迷惑な話です。投資用で非居住の区分所有者ばかりだと、マンション全体の状態や適切な維持補修に興味を持ってもらえず、管理組合の運営に苦労するでしょう。せっかくの新築高級マンションも、誰も住まない部屋は傷みます。朽ちてしまうのはインフラの損失です。もったいない。

新築マンション投資の背景には、金余りの中で投資先を探している金持ちが多い事情があるでしょう。いま、あまりにも不動産市場が高騰しているせいでもあります。新築全体の価格高騰を受けて中古市場の価格も上がり、地域や物件によっては新築のほうが割安な物件も出ているのです。

新築は土地の仕入れ値に材料費や人件費、デベロッパーの利益などを加算して「積み上げ方式」で値付けをします。なので、例えば、晴海の大規模開発「晴海フラッグ」のように、仕入れ・計画・販売から完成・引き渡しまでに時間がかかると、当初設定した販売価格が、その後の市場高騰で周辺の中古に追い抜かれ、相対的に安値に見える、という逆転現象が起きます。こうした割安感のある物件では、新築を買ってすぐに中古として売り抜けて儲ける、という投機的な動きが出ます。

実際、ある不動産営業マンから、「新築マンションを購入した人が、新居に引っ越さず、そのまま中古で売って1000万円儲けた」と聞きました。住民票だけ新居に移せば、住宅ローンを組んだ銀行も問題ないとか。以来、相場に比べて割安感のある新築では、購入者に「購入してすぐ売るのはやめてほしい、せめて1年は住んで」とお願いしている、とのことでした。

新築と中古の差があまりない

新築マンションを見て、中古との差異を考えました。オートロックや宅配ボックスなどめぼしい設備は、築20年くらいのマンションにはすでに付いています。内装もフルリフォームしたら新築と同じです。立地だって、むしろ中古のほうが一等地で、良いくらいです。管理組合の運営でも、これから結成してどうなるか分からない新築マンションよりも、運営状況の良い物件を選べる中古のほうが安心です。管理組合は軌道に乗せるまでが大変なので、区分所有は中古物件のほうがいい、というのが私の持論です。

ということで、新築を見たおかげで、改めて、新築と中古の差があまりないと分かり、安心できました。予算的にも相応な中古で、じっくり希望エリアで探そうと、腰が据わりました。

いっぽうで、東京での所有にばかり目が行きすぎているかも、という反省も湧いてきました。仕事から解放された老後なら、なにも東京など大都市での購入にこだわる必要はありません。地方には空き家もあります。借りるのも買うのも、ずっと安いでしょう。

地方移住、居住地を定めないアドレスホッパー、二拠点居住や多拠点居住など、いまやさまざまな住まい方が選べます。ということで、地方の可能性を探ることにしました。

コラム3

ジュウセツのトリセツ

トイレから風呂、キッチン、窓まで広く製造・販売している
LIXILの広報担当、河合慎太郎さんに、
主な住宅設備の取り扱いを聞きました。

トイレ

暖房便座付き温水洗浄トイレ

「便座が温かくならない、シャワーが出ない、操作パネルの電池を交換しても反応しないなど、不具合が起きたら、放置せず、メーカーに連絡を。洗浄トイレは、テレビなどと同じく電化製品です。おかしいなら故障かも。暖房便座で火傷するとか、最悪、火事になる危険性も」

「LIXILは『10年で点検を』と呼び掛けており、約10年で点検ランプが点灯します。点検して問題がなければ、使い続けることもできます。ただ、寒暖差が激しい、西日が直接あたるなど、苛酷な環境の場合もあり、洗浄トイレの寿命はまちまちです」

河合慎太郎さん（LIXIL広報）

「住宅設備は一生使えるわけじゃありません。部品も劣化しますし、いずれ交換が必要です。長持ちさせるには、日頃のお手入れが重要です。埃をかぶっていれば漏電につながりかねません。水回り全般に共通ですが、毎日はさっと、週に1度とか月に1度はしっかり、掃除してください。ふだんのひと手間で汚れやカビがつきにくくなります。各メーカーのホームページで、お手入れや掃除の仕方を、ぜひ確認してください」

※LIXILの場合は以下。
https://webcatalog.lixil.co.jp/iportal/CatalogDetail.do?method=initial_screen&catalogID=10306210000&volumeID=LXL13001&designID=newinter

風　呂

追い焚き機能

「入浴剤の使用は、メーカーとしては推奨しません」

「掃除には、中性洗剤を推奨します。浴槽や壁・床だけでなく、風呂釜の配管の定期的な洗浄をお勧めします」

浴室乾燥機

「必ずフィルターのお手入れを。たまった埃を掃除機で取るだけです」

「24時間換気は、省エネのつもりでも電源を切るのは逆効果。つけたり消したりしたほうが、寿命が縮みます」

「皮脂汚れや石鹼カスの残りがカビの原因です。熱めのお湯でそれらを流してから、冷水をかけるとカビの繁殖が抑えられます。鏡やドアの水垢によるウロコを防ぐには水滴を拭き取ること。浴室乾燥機は、そうしたひと手間の後にかけて」

洗面台
キッチン

人造大理石のボウルやカウンター

「洗面台の洗面ボウルや、台所のカウンタートップには、人造大理石が使われていることも。陶器と違い、化学製品に弱く、研磨材で磨くと傷がつくので、クリームクレンザーの使用はNG。台所用の中性洗剤で掃除して」

「水回りは、水垢がそのままウロコ状に残ります。台所や洗面台も、使用後の水滴は柔らかい布で拭き取ってください」

水のトラブル

「水が止まらないトラブルの時は、まず、止水栓を止めましょう。それから『メーカー名×修理』で検索して、正規の業者に相談してください。慌てて『水道×修理業者』で検索すると、法外な値段を請求したり、不要な工事をしたりする悪徳業者に当たるかも。ご注意を」

物件探しは恋愛に似て
地方の新築に一目惚れ、長年憧れの都内中古とどっち？

地方の県庁所在地の新築マンション

2023年5月、気持ちいい五月晴れの中、行ってきました！　県庁所在地Y市、デベロッパーZ社による新築マンション現地モデルルームへ。1泊2日、気分はプチ旅行です。

「うわあ〜!!　すごい良い景色ですねぇ!!」

マンション3階にある販売事務所に入った途端、目の前の借景に感動しました。きれいな新緑!!　マンションの目の前に高い建物はなく、少し離れた向かいは小高い台地です。小山の緑が、我が庭のような借景になっています。

都内の自宅で、窓を開けたら隣のオフィスビルの社員と目が合う生活に疲れていた私には、魂の洗濯でした。感動していると、Z社の若い営業マンM氏は「モデルルームは上の階ですから、もっと眺望は良いですよ」と誇らしそうです。

M氏には、終の住処探しの経緯を説明しました。この数カ月、都内でマンションを探したが、予算内では、古かろう・狭かろうになってしまう。新築は高すぎか、超狭い。築浅は、なかなか物件が市場に出ない、お値頃！　と思っても、現金買いの人に負けてしまう。どれだけ妥協しないと買えないんだろうと、なかばイヤになっていた時、Z社の「地方移住セミナー」に参加したのだ、ということを。

地方都市ならば一等地に、都内で築30年以上の中古物件を買うのと同じか、より低い予算で、より広い面積の、新築ぴかぴかのマンションが買えると分かりました。セミナーで紹介された、いくつかの地方の新築マンションの一つが、このY市の物件でした。

ここはY市街地の中心部です。どこに行くにも便利で、繁華街まで徒歩10数分、ＪＲの駅だって歩いて20分強で行かれます。東京で、私鉄駅徒歩15〜20分などという中古マンションを見てきた目には、駅も繁華街も徒歩圏で、生活利便性が良い立地に見えます（でも地元の人は駅も繁華街も、バスかタクシー利用。歩かないそうです、苦笑）。

しかも大手デベロッパーの作る物件だけあって、外観も高級感があります。1階エントランスやロビーも広くておしゃれ、アートも飾ってありました。都内でこのグレードなら、まず間違いなく億ションでしょう。残り数戸以外はすでに入居済みとのことで、たまたますれ違った人（おそらく住人）も、お金持ちっぽい雰囲気の上品なお年寄りでした。

ハイグレードのマンションはやっぱり良いです。窓も大きく、天井も高く、気分がゆったりします。しかも、完成後物件なので、眺望や部屋の内装を見て確かめられます。

窓外の眺めにうっとり

立地や設備などについて一通り説明を聞いた後で、私の希望する間取り（2LDK）の部屋と、家具の置いてあるモデルルーム（3LDK）を内見しました。さらに感動！　モデルルームは7階なので、目の前を遮るものは何もありません。気持ちいい抜け感です。

窓外の眺めにうっとりしていると、M氏が言います。

「向かいの山は、いまは緑ですが、秋になったら、紅葉で赤やオレンジ色になりますよ。もちろん冬は、白い雪景色になります」

雪景色！　そそられます！　額縁のようです！　立地ばかりは、東京では買えません。

「良いですね〜。ここに住んだら、毎朝起きたら、この景色が見られるんですよね〜」

借景になっている小山は公有地で、再開発されたり建物が建ったりする予定はないので、安心していい、とのこと。お日様とともに目覚めて、この借景を見ながらコーヒーを飲み、原稿を書く——なんてカッコいいんでしょう！　と、妄想してしまいます。取材の時だけ東京に出掛け、原稿はY市に帰って書くのです。

マンションのすぐ近くには、城址公園や川べりの遊歩道もあります。そうした近場でジョギングやウォーキングをして、そのあと、借景を見ながら優雅に音楽を聴くのも良し。きゃあ〜ステキ！　と、内心、勝手に盛り上がります（あほか、ですが）。でも、こんなふうに、住んだ後の生活が目に浮かんだ物件は、これまでで初めてでした。

M氏は、物件の魅力だけでなく、Y市の良さについても、たくさんレクチャーしてくれました。たっぷり3時間。すっかり、気持ちはこの物件に持っていかれています。

賃貸に出せるかどうかについても、M氏は心配ないと請け合いました。実は住民の中に、家庭の事情で住めなくなり、すでに賃貸に出した人がいるそうです。「けっこう強気な金額で募集をかけたのですが、すぐに借り手がつきました」とM氏。貸せるマンションならば、万一、尻尾を巻いて東京へ戻ることになっても大丈夫です。

でもY市には、仕事で、何度か1泊したことがあるだけです。知人も、東京から移住した男友達が1人いるだけ（その男友達が、こんなところイヤだ！　って帰って来ずに、根を下ろしたのですから、良い街なのでしょう）。これって、旅先で一目惚れした男性といきなり結婚するみたいな話です。良いのか、私。こんなに盛り上がって。旅先の恋は危険です。

値段はどうでしょう。価格表では、希望の66㎡の部屋で4000万円台半ば、予算内でした。なんと。新築なのに、こんな良い立地なのに。これなら買えます（もちろん、ローンが通ればですが）。しかも、ちょうど今、他社の新築マンションの分譲が始まるタイミングとのことで、少しなら「勉強」してくれる（珍しく！）と、M氏は言います。

どうしましょう！　都内の古いマンションか、身内もいない地方の新築マンションか——究極の選択です。ずっと片思いをしていたけれど年を取った憧れの人か、出会ってすぐ恋に落ちた、まだよく知らない若い相手か。熱にうかされた感じで、危うい気もします。

とはいえ、さすがに、この金額の買い物を、その場で即断即決はできません。朝や夜、もう一度見に来て、マンションの周囲や街の、雰囲気や治安を確認しないと。

そもそも、Y市に住みたいかどうかも熟慮しなくては。首都圏の実家からはすごく遠くなるので、親きょうだいにも相談しなくちゃいけないでしょう。M氏からは、購入するかどうかの返答期限は、ゆったりめの月内でと言われました。悩みどころです。「ほんと、この景色は良いですよねえ〜」と、後ろ髪をひかれながら、マンションを後にしました。

ワーク・ライフ・バランス

ところで、なぜ地方かといえば、Z社のセミナーの内容に納得したからです。

おさらいすると――首都圏、特に都内の新築マンション価格の、最近の異常な高値は、地価だけでなく、資材や人件費の高騰から、今後も下がる見込みがありません。さらに、都心の新築物件の高額化が、郊外の新築物件や中古物件にも及び、全体に価格上昇が止まりません。でも住宅ローン減税は、２０２４年から縮小される見込み。いま最低水準にある住宅ローンの金利も、日銀の金融政策次第では今後、上がる可能性があります。

一方、コロナ下で在宅ワークが定着しました。より住環境の豊かな地方に移住して、リモートで働く人たちがいます。セミナーには移住者たちが登場し、地方ならではのＱＯＬの高さや暮らしやすさ、在宅ワークでのワーク・ライフ・バランスを語りました。

また、人口減少・高齢化と住宅ストックの老朽化の中、良質で長持ちする住宅ストックを増やすため、性能の高い物件を優遇するように住宅ローン控除や補助金などで誘導する、という国の政策方針も紹介されました。高断熱で省エネ性能の高い住宅はＺＥＨ（ゼッチ、「ネット・ゼロ・エネルギー・ハウス」）住宅と呼ばれ、資源エネルギー庁によると、新築の注文住宅では２０２０年にすでに半数以上がＺＥＨ住宅です。このＺＥＨ基準がマンションにも求められるようになり、ＺＥＨ（ゼッチ）マンションが補助金の対象になっています（環境省のｈｐ参照）[*1]。余談ですが、環境対応といえば、東京都は２０２５年４月以降の、都内の新築マンションへの、電気自動車の充電スポット設置を義務づけました[*2]。

こんな説明を聞くと、都内で、安くて予算内だからといって、耐震性だけでなく住宅性能も低い古いマンションを買うよりも、地方の最新設備、最新の住宅性能の、ZEHマンションを買うほうが、満足度も高く、資産価値も下がらないのではないか、と思えました。いかに人口減とはいえ、県庁所在地の、グレードの高い、新築ZEHマンションなら生き残れるのでは？　将来、貸したり売ったりするにも困らないのでは？　と考えたのです。

アラ還ながら、私はまだ57歳です。まだ体は利きます。あと10～20年、体の動くうちは、地方都市で最先端の快適なマンションに住んで、日々の生活費は節約して、娯楽だけは東京に通う。いよいよ体が動かなくなりそうになったら、そのマンションを売って、節約して貯めたお金も合わせて、都内の高齢者ホームに入る、とプランを立てたのです。ただし、地方を選ぶ場合の最大の問題は、いまは元気な高齢の母の具合が悪くなったらどうするか、です。頻繁に東京と行き来するなら、お金と時間がもったいないです。

東京の新築マンション高騰の余波

M氏の物件を内見した後、私は街中を歩いて回りました。中心街も公園も繁華街もたっぷり散策。ホテルにチェックインした後、ご飯を食べに街に出て、もう一度、物件の場所を見に行きました。ですが……。

さみしい、というのが率直な感想です。いかに県庁所在地の中心部近くとはいえ、やはり地方都市です。夜、歩いている人はほとんどおらず、車通りは少なく、物件の近くですれ違ったのは、わずかに2人。治安は良いのでしょうが、寂れている。車社会の地方の宿命でしょうか。夜は飲み屋街だけが明るく、住宅街も中心部も静かになるものでしょう。

ただ、M氏の物件「だけ」しか見ずに、決めることはできません。せめて中古物件のグレードと相場感を確認して比較しないと。というわけで、慌ててY市内の中古物件をネットで調べました。その結果、数百万円台からあり、相場は東京の半分どころか3分の1、4分の1くらいだと分かりました。例えば、

＊1　ZEHマンションについては以下を参照。https://ondankataisaku.env.go.jp/coolchoice/kaiteki/topics/20210205_01.html

＊2　電気自動車の普及促進のためで、駐車場がある場合、5台につき1基のEV充電器設置が義務になる（駐車場の台数4台以下は免除）。中古マンションは、設置が義務ではないが、都は、充電器の導入費負担を軽減するため、管理組合向けの補助金を用意している。https://www.tokyo-evcharge.metro.tokyo.lg.jp/hojyokin/

750万円　57㎡1LDK、1989年築
1380万円　73㎡1LDKフルリフォーム済み、1991年築
2380万円　62㎡1LDK、2004年築
2480万円　68㎡1LDKリフォーム済み、1988年築

などなど。いずれもバス便です。業者に確認した時点で売約済みだったものもあります。

翌日は、Y市内で建築中の新築マンション4カ所のうち、3カ所の現地を見に行きました。50㎡台から100㎡台まで、3000万円台〜7000万円台と幅はありますが、中心価格帯は70〜80㎡台の4000万〜5000万円でした。

なるほど供給過剰気味です。M氏が早く売り抜きたいと焦るのも無理はありません。いずれも、広さを考えると東京よりは安いですが、お買い得とまでは言えない金額です。

その後、地元の不動産仲介業者と落ち合い、市の中心部にある高級中古マンションを内見させてもらいました。

2680万円　最上階、67㎡2LDK、2004年築

という物件で、繁華街も官庁街も近いものの、公園の脇で、静かで落ち着いていました。西向きだったので、ちょうど西日がさんさんと差し込んでいました。

「広い！　明るい！」感動しましたが、築20年で、地方でこの価格はどうなのでしょう。案内してくれた営業マンいわく、「もともとグレードの高い高級マンションとして分譲されたので、今でもあまり価格が下がりませんね」とのこと。逆に言えば、地方都市ではやはり、普通の中古物件はそれなりに価格が下がる、ということです。中古まで値上がりしている東京のほうが異常なのです。

では、地元の不動産業者は、いまY市中心部で建築中の大手の新築物件の価格帯をどう見ているでしょう。「高いですよね〜」と水を向けてみたら、業者さんは「そうですよね」と同意します。「ここ最近、急に新築の値段が上がりだしました。地元の人にはなかなか厳しい金額になってますよね」。ならば、東京のように外国人投資家が買っているんですか？「いいえ。Y市にはまだ外国人投資家は来ていないと思いますよ」。

新築の価格設定が高くなったのは、東京の新築マンション高騰の余波だ、ということでしょう。東京や大阪などでマンションが高くなりすぎて、新築を買うのを諦めた大家業の人々が、地方の家賃収入を見込んで投資しているのかもしれません。

そう考えると、やはりY市の新築マンション相場はバブル気味な気がします。M氏のマンションも含め、これまでのY市の相場からは乖離(かいり)しすぎではないか、と危惧します。それは、バブルがはじけたら、どかんと価格が下がる危険性があるということです。

M氏のマンションが、いかに立地が素晴らしくても、4000万円台で買うのは冒険でしょう。賃貸で「お試し移住」をしてY市との相性を確認してからならまだしも（そんなを踏んでいたら、M氏のマンションは売り切れてしまうでしょうが）、先に買って移住しちゃうのは、ハードルが高いですよね。私がY市に馴染めるかという問題だけでなく、東京との往復交通費もかかりますし。親に何かあったらという心配もありますし……。

お試し移住してじっくり探す？

――というわけで、東京に戻って1週間。あの、一瞬で燃え上がった、一目惚れのような熱病はどこへやら。すっかり熱が冷めてしまいました。まるでスキー場の恋です。雪上ではあんなにかっこよく見えた男性が、街場で会ったら「こんな人だったっけ？」って、がっかりする、というあれです。Y市で夢見たものが、現実に戻ってくると、どれも実現不可能に思えます。あの素晴らしい眺望は捨てがたかったんだけどなあ……。

でも、そんなに気に入った眺望でも、Y市に限らず、似たような景色のある地方はいくらでもあるのでは？　眺望のためにY市に「全移住」「引っ越し」しなくても、「お試し」的に、月に何日かだけ地方に滞在すればいいのでは？　どの地方なら暮らせるか、自分との相性がいいかを確認するだけなら、ホテルや民宿でもいいのでは？　と思うのです。

後日談を一つ。内見して、けっこう気に入った2680万円の高級中古マンションですが、2週間もしないうちに、業者から「(買い手が）決まりました」と連絡がありました。地方都市でも、良い物件は足が早いですね。高くても、決まるものは決まりますね。良いなと思ったら、すぐに買いを入れる決断力が必要ですね。

やはり、本当に移住を考えるなら、どっしり腰を据えて物件を探すべきでしょう。まずはどの地方がいいかを決めないと。候補地を決めたら、ホテルや民宿でいいから滞在してみて、大丈夫となったら、賃貸に住みながら物件を探す――それが現実的でしょう。

地方の空き家と古家のリアル
軽井沢・静岡・群馬・山梨

軽井沢ブランド、億超えは当たり前

地方にも東京の不動産価格高騰の波が影響しているようだ、ということはすでに指摘しました。アラ還の終の住処探しという目的からは脱線しますが、ものはついで、不動産バブルが端的に分かる場所に行ってきました。軽井沢（長野県軽井沢町）です！

別荘地としての「軽井沢ブランド」は健在、今も、観光客にも別荘族にも、人気はかなり高いようです。２０２３年6月中旬の晴れた平日、軽井沢から旧軽井沢あたりを回りました。街中には欧米人や中国人ら外国人観光客がわらわら。旧軽井沢の有名蕎麦店には30人ほどの行列があり、若い日本人のカップルや女性グループもたくさんいました。お金持ちの別荘族らしき人々は、ロードサイドの高級スーパーに高級外車で乗り付けていました。

さすが軽井沢と思ったのが、駅前に何軒もある立派な店構えのしゃれた不動産屋です。

高級新築別荘の販売事務所や、土地付き別荘専門らしき業者もあります。金回りが良さそうなのは、「軽井沢ブランド」の強さの証左でしょう。

窓に貼られた売買物件のチラシを見ると、

6・2億、5・7億、5・35億、3・2億……

億、億、億!!! 東京都心の新築マンションと見まごう価格帯です。

新築別荘だけでなく、中古別荘でも、億超えは当たり前。リゾートマンションも1億近いものが多く、それらは「ドッグラン付き」「ワイン庫付き」「温泉付き」などの設備を謳っています。犬連れで遊びに来て、温泉に入り、ワインを楽しむ――お金持ちの「いかにも」な別荘ライフが想像できます。そのうち感覚が麻痺してきて、1億円の土地付き中古別荘がお安く見えてきたほどです。いや恐ろしい。

誰が買うのかしらと不思議ですが、東京の億ションを買うような外国人投資家や、日本人起業家らが軽井沢に別荘を持つのでしょうか。かつてジョン&ヨーコも訪れたり、(噂では) ビル・ゲイツの別荘があったりと、外国人の間でも知名度は抜群の場所です。

東京から新幹線で約1時間の地の利と温泉もあり、人気なのでしょう。値崩れしないからと、将来の転売を狙って、投資半分で買う人もいるかもしれません。逆に、安い物件のほうが探してもなさそうで、ホテルやレストランなどで働く一般庶民は、どこに住めるんだろう？　と心配になるほどです。

売買価格上昇の地方も

軽井沢の総額は破格ですが、値上がり率だけなら、不動産がバブっている地方都市は他にもあるようです。東京から新幹線で1時間圏内の地方として、軽井沢と並んで密かに人気との噂のある静岡で、聞いてみました。JR静岡駅の周辺駅では、中古の住宅や住宅用地が割安感から人気で、品薄状態だそう。相場の3倍ほどで取引されているとのことです。

地元の不動産賃貸業者がぼやきます。

「古家や空き家はあっても、相続のタイミングでもないと、なかなか売りに出ません。でも駅近物件はまだ割安感があるので、売り物が出たらすぐ売れる状況です。しかも急に値上がりしていて、路線価換算で相場なら300万～400万円の古家付き土地が、いま、1000万円で売れます。しかも、金曜に物件情報が出て、週末に買いが入り、翌月曜には契約といったスピード感です。良い家はすぐ売れてしまいます」

軽井沢とは桁が違いますが、価格上昇トレンドは起きているようです。底値がずっと続いていたため、交通の便が良い分、割安感があるのでしょう。

もちろん、こんなふうに価格が上がるのは一部の地域だけ。軽井沢などの「ブランド地域」や、交通の便が良かったり、再開発などで好条件が揃っていたり。それ以外の、ほぼすべての地方都市は、人口流出による人口減と、それに伴う空き家対策に頭を痛めています。需要が減れば、需給バランスが崩れて価格は安くなる。それが経済の法則です。逆に、アラ還の安い住まい探しにとっては、チャンスが増えることになります。

実際にどうなのか、ＪＲ駅を起点に、何カ所かの地方都市も見に行きました。

数百万円で土地が買える

どの駅でも、駅前に降りると、まず不動産屋を探します。どれほど地方でも田舎でも、日本では、たいていの駅前に不動産屋があり、表のガラスに「売買」「賃貸」といった物件情報を貼っています。その広告チラシ（業界用語で「マイソク」と呼びます）を見ると、一戸建てやマンションの、売買と賃貸の相場が分かります。

東京近県を「家探し」の目で見ると、売り物になっている不動産の多さに気付きます。空き家問題が言われるだけあり、特に一戸建ての安さが目に付きます。実際に地方の小さな市町村では、アラ還女性でも「貯金で買えそう」な金額で、物件が売られていました。

例えば、2023年6月中旬、山梨県X市に行きました。新宿からJRで1時間強、自然豊かな山間地にあるX駅に着きます。駅前には、スーパーやドラッグストア、いくつかの飲食店と並んで、不動産屋が1軒ありました。宿に行くより前に、不動産のマイソクチェックです。例えば、以下のような土地や土地付き建物（中古住宅）が売りに出されていました（さすがに地方、マンションはなく、売り物件はすべて一戸建てでした）。

物件a　住宅用地　1100万円　328㎡　X駅歩18分、接道は西側公道2・7m、南側私道4m、高台、「日当たり良好」

物件b　住宅用地　450万円　115㎡　X駅歩20分、一種住居専用地域、建ぺい率60%：容積率200%、北東側公道4m、6m接道

物件c　住宅用地　300万円　131㎡　X駅歩28分、70%：200%、高台、西側公道3m、セットバック要（6㎡）

物件d　住宅用地　700万円　197㎡　Y駅歩11分、70%：200%、更地、西側私道4m

物件e　中古住宅　430万円　120㎡　Z駅歩3分、1993年築2階建て85㎡、北東側公道4m、ただし土砂災害特別警戒区域内、日当たり良好、駐車場あり

数百万円で土地が買えます。ここにローコスト住宅を建てるなら、土地建物を合わせて1200万~2000万円ほどで戸建てが手に入りそうです。「ローコスト住宅」とは、坪単価20万~40万円、1000万円から建てられると謳う注文住宅です。そうしたメーカーや工務店を選べば、例えばおひとりさま用の20坪(66㎡)の家は、坪40万円かけても800万円で建てられる計算です(マンションのリフォーム代は、いま500万~1500万円とされますから、同じか安いくらいですね)。

物件cは300万円の土地ですから、右の通りに66㎡の家を建てても1100万円!これで新宿までJRで1時間強の場所に家がゲットできます。ただ駅から徒歩28分は、車がないと厳しい距離なので、70歳くらいまでは頑張って運転する必要があります。

運転が心配ならば、築30年の中古物件eは駅から徒歩3分です。ただし、注意事項に「土砂災害特別警戒区域」と表記があります。崖地が近いのでしょうか。豪雨の時には山崩れなどの危険があるのでしょう。地図で見ると川もすぐそばです。こういう場所だと、災害警報が出たら早めに避難する必要があります。足腰がたたなくなる老後を過ごす終の住処にするのは、やめたほうがよさそうです。やはり安いには安いなりの理由があります。

物件cも、改めてグーグルマップで確認したら、川がすぐ近く(敷地の北側から北西を通って南西側へ）を流れていました。氾濫危険地域かどうか、市のハザードマップを確認するべきですね。さらに、高速道路がすぐ脇（高架橋）を通ってるので、深夜でも通行音がけっこう響くかもしれません。

待て待て。グーグルマップをさらに拡大して周囲をよくよく見たら、川と当該地との間にある空き地は墓地のようです（残念ながら公道が前を通ってないので、グーグルストリートビューでは確認できません）。――こうして詳細に見ていくと、安い訳が見つかります。東京からJRで1時間強の割にお買い得だと思いましたが、甘かったですね。

賃貸は需要も供給も少なく家賃は高止まり

では賃貸はどうでしょう。同じX駅の不動産でチェックしてみると……これが意外に高いのです。例えば、以下の通り。

- 貸家　X駅歩21分、4万3000円、駐車場1台分付
- 貸家　X駅バス7分歩6分、5DK、6万円、日当たり眺望良好
- 賃貸マンション　X駅歩17分、3DK、6万5000円、駐車場5000円

- 賃貸マンション　X駅バス6分歩4分、3DK、6万円、駐車場空きなし
- 賃貸マンション　X駅バス8分歩2分、1LDK、6万円、駐車場4000円
- 貸しアパート　X駅歩15分、3DK、5万9000円
- 貸しアパート　X駅歩10分、ワンルーム、3万円、駐車場なし
- 貸しアパート　X駅歩20分、1K、ロフト付、3万4000円（洗濯機、冷蔵庫付）
- 貸しアパート　X駅歩25分、ワンルーム、2万5000円、駐車場3000円
- 貸しアパート　X駅バス5分歩2分、ワンルーム、2万2000円
- 貸しアパート　X駅歩17分、1K、3万円
- 貸しアパート　X駅歩10分、ワンルーム、3万円……

見てお分かりの通り、さほど安くはありません。23区内でもないのにマンションの家賃が6万円、ワンルームのアパートでも3万円前後します。しかも、駅からけっこう歩くし、小さい部屋ばかり。類推するに、家族持ちは一戸建てが買えるので、地方では若い単身者向けしか賃貸需要がないのでしょう。賃貸需要はパイも小さいが供給も少ないため値崩れしにくく、高止まりしているのでしょう。

賃貸に3万〜6万円を払うなら、東京都内でもマンションやアパートが見つかります。

私鉄駅から徒歩25分とかバス便とかですが。賃貸物件に限っては、東京都市圏は人口も需要も多いですが、それ以上に物件のストックも多いため、価格が抑えられています。

賃貸物件を探すのなら、中途半端に関東・山梨の地方の物件を考えるよりも、交通費のかからない分、過当競争で金額が上がりにくい大東京都市圏のほうがお得、かもしれません（不動産賃貸業をする側からすれば、賃料がなかなか上がらない東京都市部は、物件価格が高い割に賃料が低く抑えられ、利回りが低く、うまみが少ないエリアです）。

平屋の一戸建てが298万円⁉

別の市（群馬県内）も行ってみました。こちらはＪＲ東日本の新幹線駅からバス便のエリアです。駅前に不動産屋はなかったのですが、代わりに、新幹線ホームから見える畑の中の更地（日当たり抜群！）に「売地」の看板が立っていました。

看板の業者のホームページで、この駅前物件の情報は見つけられませんでしたが、代わりに、１０００万円以下の他の物件を見つけました。物件f、gは、いずれも立派な平屋の一戸建てでした。写真を見る限り、このままリフォームなしでも住めそうでした。

物件f　298万円　JR・Z駅歩16分、土地245㎡、建物46・28㎡、3K、木造平屋建て、1992年築
物件g　398万円　JR・Z駅歩18分、土地397㎡、建物72㎡、4K、木造平屋建て、1980年築

f、gともに、道路は北西で、建物の向きは分かりません。でも、平屋ですから日当たりはそれなりにあるでしょう。「室内、きれいにお使いです」状態で、すぐに住めそうです（気になるなら、トイレと風呂だけ交換すれば。150万〜200万円でできるでしょう）。車が停められる空地も敷地内にあります。でも駅徒歩20分以内なら、東京の感覚なら十分に歩けます（ちなみに、Z駅から東京に出るなら、在来線を乗り継ぐよりも、Z駅からバスで新幹線駅まで出るほうが早くて便利です）。

なぜ？　なぜこんなに安いのでしょう？　fは、建物の46㎡が狭すぎるから、でしょうか。逆におひとりさまにはちょうどいいサイズです。gは築43年と古いせいでしょうか。でも、土地代にもならないいんじゃないかしら。実は、このfとgはすぐ近く。ということは、このエリアで最近、大規模な洪水とか、裏山の地すべりがあったんでしょうか？（裏は城址です）。でも洪水ハザードマップを見ても、危険エリアを外れていました。不思議

です。単に、Z駅の人気がなくて、人口流出のおり、需給バランスが崩れて地価が安くなっているのでしょうか。それとも相続で、現金化を急いでいるのでしょうか。

いずれにせよ、空き家が社会問題になっている折、状態がひどくない家が、空き家や売り家として市場に出ていると分かりました。これらは氷山の一角です。もうけが出ないからと不動産屋が扱ってくれず、市場に出回らない中古住宅はもっと大量にあるはずです。日本中、いまや空き家だらけなのですから。実際、今ほど不動産が活況を呈していなかった6年前、横浜市内でも、修繕にお金と時間がかかる築古の中古住宅は、「買い手がつかない」と格安で売りに出ていました。

つまり、モトザワ（や東京在住者）が知らないだけで、東京からさほど遠くない暮らしやすい地方都市で、「お買い得」な物件のある「穴場」の地域はありそうです。それらの物件は、アラ還シングル・フリーランサー女性の貯金でも、買えそうです。

コミュニティーが心配なら「地方の都市」が狙い目

候補地だらけということは、どこにするか、どんな基準で選ぶかが、問題になります。まだ体が動くうちに地方に移住し、そこで貯金の目減りを抑えつつ暮らし、来たるべき老人ホームや高齢者施設の必要資金に備えるには、移住先の場所選びに失敗は許されません。安く売り逃げするような経済的な余裕はありませんから。

ではどうやって「失敗しない移住先」を選べば良いでしょう。元自治体職員で、地方で賃貸業をしているS氏に聞きました。

「地方といっても、『地方の田舎』か、『地方の都市』か、という違いがあります。地方移住で地元コミュニティーに溶け込めるか、といった問題が出るのは前者、『地方の田舎』の場合です。田舎の濃密なコミュニティーが苦手とか面倒な人には、地方都市の街中に住むことをお勧めします。県庁所在地などの街中なら、どの地方でも東京と変わりません。町内会もないなど、ご近所付き合いもありません」

ただし、「地方の都市」の場合、食品や家賃などの物価も、そこまで劇的に安くはありません（住宅を購入するならば東京より断然安いですが）。生活レベルは、支出レベルも含めて、東京とあまり変わらないそうです。

移住先の土壌が分かる「地域おこし協力隊」

S氏の指摘の通り、「地域コミュニティー」が、地方移住がうまくいくかどうかの決め手であることは有名な話です。かつて、定年後に田舎に移り住んだ人が、地元の自治会や防災組織など、近所付き合いの濃密さについていけず、数年後に都会に舞い戻ったという失敗談をよく聞きました。失敗の原因は、本人と地域側と、双方にある場合があり、地域の問題は土地ごとにまったく違うと、S氏は指摘します。よそ者を受け入れる土壌かどうかの違いだそうです。

「地方の田舎に移住するなら、地域おこし協力隊がうまく機能しているところを選ぶといいでしょう」とS氏。制度が始まったのは２００９年度。すでに10年以上経ちます。「この制度がいまだに機能していないところは、そもそも移住者を受け入れない土地柄です。きっと誰が移住しても、うまくいきません。逆に制度がうまくいっているところなら、誰が行ってもうまく溶け込める可能性が大です。これから移住する人も幸せに暮らせる地方のはず。そういう地域を選ぶといいでしょう」

とはいえ、地方移住のサイトを見ると、「子育て世代」を念頭にしていると感じます。やっぱり年寄りより若者、定年世代より子育て世代に来てほしいのが、地方の本音なのでは？

元自治体職員のS氏いわく、「本音では、移住してほしいのは30、40代の子持ち世帯です。でも、定年後を見据えた移住であっても、来てくれるならありがたい」とのこと。

地方に行くと、定年直後のアラ還が地域で一番の若手といったことも起きます。そういう場合、現役時代のスキルが意外に求められたりして、人口の多い都会でレッドオーシャン（競争の激しい市場・業界・分野）に埋もれるよりも、幸せに暮らせるかもしれません。

ちなみに、地方への移住については、国が運営しているサイト「はじめての移住応援サイト　いいかも地方暮らし*」で、網羅的に見られます。移住者のための「移住支援金（最大100万円）」や、地域おこし協力隊や地方での求職支援などの情報もあります。あまりに情報がありすぎて、全国の都道府県のどこから選べばいいか、迷ってしまいますが。

また、地方の空き家バンクについては、各市町村ごとの「空き家バンク」のほか、ライフルホームズとアットホームにも特設ページがあります。ただし、これらは市町村独自の空き家バンクに比べると、価格高めの物件が多いように感じます。「流通するか」が前提の民間業者のサイトですから、当然といえば当然かもしれませんが……。

＊ https://www.chisou.go.jp/iikamo/search/index.html

箱根「お試し移住」にロックオン 温泉リゾートの意外な真実

移住促進の「お試し」施策

どうしよう！　ずっと住みたいかも！

――と、「お試し移住」した私が本気で迷ったのは、神奈川県箱根町です。保養所とかのある、温泉のある、別荘地もある、箱根駅伝が開かれる、あの箱根です。なのに、他の地方都市と同じ。人口減に悩み、町への移住促進策を講じていました！　なんと！

町の移住促進策、「箱根トライアルステイ」に申し込んだところ、めでたく選ばれ、ステイさせてもらうことに。コロナ下では倍率10倍、いまも数倍という狭き門でしたが。

で、２週間住みました。いやはや良いです。抜群です。

まず、朝、鳥の声で目覚めます。あまりに快適に眠れるおかげか、目覚ましより早く目が覚めちゃいます。もったいなくてベッドの中にいられず、起き出します。だって、滞在先（cotohaという名前の町の施設）のロケーションが素晴らしいのです！　近隣の木々の先には、箱根の緑が！　外輪山が!!　パソコン画面に疲れてふと目を上げれば、そこには広い空と山々の緑があります!!　なんと贅沢な！　目が喜んでいます。

仙石原の街中なので周囲に民家もあり、町の人いわく、cotohaの眺望はイマイチ、とのこと。でも、東京都心のビル街に住んでいる私からしたら、十分に自然豊かです！　空気が新鮮で、風が気持ちいいです。つい窓を大きく開け放していたら、昨日はモンシロチョウが、今日はクマバチが、誤って部屋に迷い込んで来ました（クマバチは、ぶーんと一周したあと、固まっている私を尻目に、そのままぶーんと窓から出て行きました、ほっ）。

箱根の天気は変わりやすいです。昨日は、朝方さあっと降った後、気持ちよく晴れたのに、午後3時頃からどんどん霧が出てきました。まるで天然のミストシャワーです。庭先のウッドデッキでミストシャワーを浴びて、その後、町営温泉に入りに行き、硫黄臭くなった帰り道、コンビニで惣菜と飲み物をゲットして、cotohaに戻りました。

Wi-Fiがあればオンライン会議もできますし、原稿やメールのやりとりも不自由しません。もうすっかり虜（とりこ）です。箱根町、リアルに真面目に移住しちゃおうかしら？

アラ還の今から後半生の住まいを心配して、都内の賃貸か、マンション購入かと迷ってきましたが、地方に目を転じたらぐっと視野が開けました。1都3県、とりわけ都内在住の人にとっては、転出先の地方は選び放題です。首都圏からの「お試し移住」を用意している自治体が多いからです。しかも、空き家問題の解消と一石二鳥と、古家をリフォームして住む移住者には、改修費に補助金を出す自治体が多いようです（箱根町も！）。

リフォーム込みで中古マンションが500万円！

地方の新築マンションを、「出会ってすぐ恋に落ちた若者」、都内の中古物件を、「昔からの憧れの人」と、前にたとえましたが、それに倣うならば、箱根は、むかーし付き合っていた彼氏ですね。久しぶりに再会したら、やっぱり落ち着くなあ、この人のこと好きだったなあ、と思い出す感じです。若い頃は泣く泣くお別れしたのですが、アラ還になって思い出したら、昔の彼がなんと独身だった、まだ好きでいてくれて、手の届く人だって分かった、みたいな感じです（伝わりますか？　ハハハ）。

実は、箱根のことは、ずっと気になっていました。というのも、ＮＨＫの番組「あさイチ」で２０２２年11月、ウェブサイト「婦人公論.jp」でも連載中の紫苑さんらが、「おひとりさまライフ」を紹介していました。その時登場した「先輩おひとりさま女性」３人のうちの１人が、箱根町在住だったのです。たしか、元別荘のマンションを安く購入し、自宅にして住んでいる、といった話でした。そんなことができるのか、おひとりさまでも買える価格帯のマンションが箱根にあるんだろうかと、興味津々だったのでした。

そして、箱根で実際に確かめてみて、びっくり！　中古物件の安さといったら!!　アラ還単身女子でも買えそうです。

町役場の人からは、こんな事例を聞きました。ある独身男性は、トライアルステイで箱根が気に入り、古いマンションを100万〜200万円で購入し、フルリフォームして住んでいるそうです。内装を新築同様にリフォームしましたが、総計500万円もかからなかったとのこと。その人はいま、神奈川県内の職場まで毎日、車で通勤しているそうです。

500万円ですよ！　500万円で箱根に自宅マンションをゲットできたなんて！　今まで私が迷っていた都内のマンションの約10分の1の価格です！　文字通りの桁違いで、都内で買うのが馬鹿馬鹿しく思えてきます。

箱根トライアルステイを運営している団体「ハコネステイル」のホームページには、同町の空き家バンクの情報が掲載されています。その一つを、ハコネステイルのメンバーで移住者でもある黒澤孝一さんと、町職員で移住促進担当の杉山公彦さんに案内してもらいました。箱根登山鉄道・小涌谷(こわくだに)駅から歩いて11分、最寄りのバス停から徒歩1分。坂道を上がったところにあります。リゾート利用または定住者向けのマンションでした。

ネックは月々の維持費の高さ

7階建ての3階、約60㎡が250万円!! 高級感のある内廊下です。西に向いた窓外は、残念ながら眺望は抜けていませんが、庭の緑が額縁のように広がっています。旧耐震の1976年築で、内装は古いです。でも壁紙やトイレの交換など最低限のリフォームなら計100万〜200万円もあればできそう、とのこと。購入費とリフォーム代、合わせて500万円以内で収まりそうです。総戸数75戸で、もちろん民泊は禁止。外観を見る限り、適切に適宜、維持補修をしているようです。共同温泉はありませんが、各戸の風呂場に直接、温泉を引き込めます（別途、温泉代はかかります）。

ただし、ネックとなりそうなのが、月々の維持費です。古いマンションの管理費・修繕積立金が高くなるのは全国共通ですが、この物件の場合、管理費約2・4万円、修繕積立金約1万円、温泉基本料約1万円+水道代がかかります。温泉基本料があるので、月々の固定費は約4・5万円にもなります。毎月この負担が許容できるなら、リフォーム代込み500万円で、いますぐ箱根ライフが始められます（資金に余裕があれば、現金買いして賃貸に出すのもアリかもしれません）。ね？ 結構、心が動きませんか？

100万円！ の売りマンション

実際、モトザワはガチで迷っています。他物件と比べたら高めの毎月の負担額だって、月5万円として年60万円、10年で600万円です。初期投資が500万円で済むなら、10年で1100万円。都内で同じ年代のマンションを買うより、まだまだ全然安いです。通勤しなくて良い定年後なら、買って住んでもいいじゃん、と思ってしまいます。

もちろん箱根にも、お金持ち向けの高級マンションもあります（軽井沢ほど億単位の物件は多くなさそうですが）。でも、築古ゆえのメンテナンス問題と、温泉があるがゆえの月々の維持費の高さが、箱根町のマンション価格を押し下げているのかもしれません。地元の不動産屋の店頭には、100万円！ の売りマンションの広告もありました。

物件a　100万円　ワンルーム、47㎡、4階建ての1階、北西向き、1972年築、総戸数24戸、管理費3万3000円、修繕積立金6000円、バス停歩4分、「仙石原　白濁温泉掛け流し、箱根カントリーへ徒歩8分」

物件b　100万円　1K、32㎡、3階建ての3階、北西向き、北西・南西・南東の三面に窓がある角部屋、1974年築、総戸数33戸、管理費2万円、自主管理、バス停歩10分、「元箱根　芦ノ湖まで徒歩3分、温泉は源泉掛け流し」

両方とも100万円ですよ、100万円！　もちろん、安いなりの欠点はあります。

まず両方とも、築半世紀近い旧耐震の物件です。さらにマンション内に温泉があり、このメンテナンスはお金がかかります（自宅で温泉に毎日浸かれるのは魅力的ですが。共同浴場なら風呂掃除もしなくていいですし）。温泉施設が古くなれば、その補修費を捻出するために、もっと管理費が上がるだろうことは想像に難くありません。

ほかにaは、ゴルフ場には近いですが、バス停まではだらだらの坂道。今すでに計約4万円の管理費・修繕積立金ですが、築51年ですから今後もっと上がるでしょう。

bは、要注意の「自主管理」物件です。前述した通り、管理会社に任せずに、管理組合が自分たちで物件を「自主管理」するのは大変です。築49年ですから、大規模修繕が必要なはずですが、修繕積立金の明記がないのも気になります。管理費2万円の中に含まれているとは思えません。現地を見ていませんが、もしかしたら修繕ができずボロボロになっていて、管理会社が逃げ出したため、自主管理になってしまったのかもしれません。

また、芦ノ湖に近いのは魅力的ですが、バス停から10分も歩きます。しかも「リゾートマンションあるある」なのですが、駐車場は全戸分の台数を確保していません。バスでなく自家用車で行っても、敷地内に停められない可能性もあります。

リゾートマンションならではの問題

これらとは別の物件ですが、売値30万円でも買い手のつかないマンションがあると、地元で聞き込みました。その物件は山の中にあり、外観もボロボロなら庭も草ぼうぼう。管理費を値上げしたくても住民の反対でできず、管理会社もお手上げで管理を返上したいそうです。こうなると、「負」動産を持ち続けるよりも、ババ抜きのように誰かに押し付けて、安くてもいいから売り逃げしたいと考える現オーナーの気持ちも分かります。

安い売りマンションは主に、他地域に住む人がかつて別荘用に購入したリゾートマンションです。マンション内の定住者は3割に満たない物件も多く、中には定住禁止の物件もあるとのこと。町職員の杉山さんによると、オーナーから相談の電話をしょっちゅう受けているそうです。所有者はすでに高齢で、もう車も運転しない、箱根にも来ない、にもかかわらず所有している物件に、管理費・修繕積立金だけ毎月取られる、と。

そうしたリゾートマンションは、物件ａのように「温泉大浴場付き」が多いのも特徴だそうです。購入時には魅力的だった温泉付き物件ですが、大浴場のないマンションよりも当然、維持費がかかります（管理費、修繕積立金のほかに、温泉代や大浴場代が徴収されます）。そのメンテナンス代は古くなるほど増えます。

泊まりもしないマンションと、浸かりもしない温泉に、物件によっては毎月5万～6万円もの維持費を払います。しかも今後も値上がりし続けます。さらに所有者は、年間で固定資産税も払う必要があります。定住していない高齢者にとっては、いまや単なる大きなお荷物、無駄以外の何物でもなく、安くてもいいから手放して負担を減らしたいでしょう。

——という事情から、探せば、安くマンションが見つかることは分かりました。あとは、住み手側の覚悟次第です。本気で住むのか、いつから住むのか。どう暮らすのか。

先輩移住者に話を聞く機会がありました。強羅でコーヒー店を経営している男性、合羅さん（本名！）は、「一番大事なのは、自分がどう生きたいか、どう生きるか。まず、それを考えないと」と言います。それが決まれば、「住むところは縁」ですぐ見つけられる、と。

合羅さんは都内に住んで働いていた20代の頃から、いずれ温泉地でコーヒー店を開きたいと計画していたそう。「老後は自然が豊かなところで毎日温泉に入りたい」と、46歳でハッピーリタイアメントして箱根に移住しました。当時は独身で、箱根か伊豆か軽井沢かと迷った結果、箱根を選んだそうです。

「箱根は神奈川県ですから。東京が近くて、テレビもラジオも東京と同じ。地方の、他の過疎地と決定的に違うのは、年間2000万人が訪れる観光地で、日中は人が多く、外から来る人を受け入れる土壌があること」

東京にも近く、「すべてを捨てて」移住しなくても、東京との二拠点生活が可能だとも言います。合羅さんは箱根に来てから、年収は下がったけれど支出も減ったので、手残りは変わらず、自分の時間も持てるようになり、「東京にいた頃よりずっと豊か」に生活できているそうです（しかも2022年に結婚したそう！）。

ただし、リスクマネジメントだけはすべきだと、合羅さんは助言します。確かに、自然災害は要チェックです。箱根といえば、2015年の噴火騒ぎが記憶に新しいです。テレビで仰々しく報道されましたが、大涌谷（おおわくだに）の噴火口近くが立ち入り禁止になっただけで、町民の生活にはなんら影響はなかったと、黒澤さんらは言います。ことに仙石原の街中は、風上だったおかげもあって、降灰もなかったそうです。

また、2019年10月の台風19号は、箱根町で一日の降水量が922・5㎜と、国内最高記録を更新しました（当時）。この雨で箱根登山鉄道の一部が崩れ、箱根湯本―強羅間が不通になり、国道138号も、箱根町仙石原―宮城野（みやぎの）間で土砂崩れが起き、部分通行止めになりました。とはいえ、町によると、人的被害はなく、道路も迂回（うかい）路があるため孤立集落は発生しませんでした。

ちなみに地震は少なく、他地域で大地震があっても箱根はあまり揺れないそうです。

二拠点居住は珍しくない

それでも完全移住には二の足を踏む私に、「二拠点居住もありでしょう」と、合羅さんも、町職員の杉山さんも言います。「もちろん住民票を移して完全移住してくれる人は歓迎します。でも、完全移住して町になんら関わらない住民よりも、二拠点でもいいから町に貢献してくれる人に来てほしいです」と、杉山さん。

実際、二拠点居住は箱根町でも珍しくないそうです。

町案内の最中、神奈川県内に家族を残して、単身で箱根の温泉付きマンションに暮らしているという男性に2人、会いました。一人はすでに現役をリタイア。妻はまだ働いているため、別々にいるほうが家族からうるさがられないと言います。もう一人は、数カ月前から箱根に週5日住んで、働き始めたばかり。あまりに気に入ったため、子どもの学校の問題はあるけれど、家族全員で移住しようと、部屋探し中とのことでした（一戸建ては、別荘地以外では賃貸も売買もなかなか出ないそうです。暮らしやすいエリアの普通の戸建ては、相続のタイミングでもないと物件が出にくい、という問題があるそう）。

都心と箱根の二拠点居住を始めた40代独身女性の事例も聞きました。その女性は、もともと都内に持っていたマンションを売った代金で、箱根湯本にマンションを購入。週末は箱根で過ごし、平日は都心の賃貸から出勤しているそうです。

——このパターンもあるのか、と目ウロコです。物件が安い箱根で、築浅で広めの良いマンションを買って、そこに家財道具一式も移してしまい、ふだんは箱根に住む。用事のある時だけ都内に来る、という二拠点居住です。この場合は、都内はホテル住まいか、狭い賃貸ワンルームでも良いかもしれません。これなら、断捨離できないほどの家具や本、骨董といった家財問題も解決できそうです。

そして、私が滞在していたｃｏｔｏｈａのある仙石原は、ふだんの暮らしには困りません。スーパーもコンビニも、それぞれ徒歩10分以内。惣菜屋も何軒かあり、カフェや食堂も。観光客用に週末しか開けない店も含めれば、フレンチやイタリアンなど、しゃれた飲食店もあります。町営温泉も徒歩圏で、利用料は町民は３００円です（町外者は６５０円）。

生鮮食料品以外のものはアマゾンや楽天で取り寄せればいいでしょう。車があれば、仙石原から御殿場までは20～30分。三島や小田原も車なら近いそうです（とはいえ老後は免許を返納するでしょうから、車なしで暮らせないと困りますが）。

交通の便も比較的、整っています。さすがは観光地です。例えば、仙石原からは新宿行きと羽田空港行きの直行高速バスがあります。いずれも2時間半ほどかかりますが、新宿で2000円強、羽田で2500円。早朝深夜にはバスがなく早朝の都内の予定や、早朝発の羽田便には間に合いませんが、日中の都内の用事ならば、日帰りが可能です。

——ということで、二拠点生活は可能そうです。今、けっこう本気で考えています。まずは二拠点から始めて、徐々に箱根に軸足を移すのが良いかも……箱根の外輪山を見ながら、モトザワはそんなことを考えています。

コラム4

賃貸・購入、契約時はここに注意

マンション問題の専門家である大久保恭子さんに、単身女性の老後の住まいについて聞きました。

Q 契約の時に気をつけることは？　契約書のチェックポイントは？

A 物件選びの前に、まず、高齢者への生活支援やサービスが充実している地域かどうかを見定めましょう（44ページのコラム1参照）。そのうえで、個別の物件をチェックしましょう。

賃貸では、**「定期借家（定借）」物件は避けるべきです。**契約満了時に必ず追い出されるわけじゃありませんが、大家が再契約してくれないと退去することになります。そんな心配をしなくていい、**普通借家契約の物件を選びましょう。**

注意したいのは「音」。**意外に多いトラブルが騒音問題**です。隣室の生活音や周辺の騒音は、一度気になりだすと、止められません。特に高齢になると、ささいな音でも気になって、眠れなくなったりします。深夜に騒ぐような住民がいるかどうかなど、居住者層も確認しましょう。

契約時には、**「特約」に注意**したいです。契約書本体は、国交省の標準様式を採用している業者がほとんどで、賃借人に不利な条項はないだろうと思います。ただ、**読み飛ばしがちな「特約」部分に、大家に有利な条項が紛れているかも。**もし、借主に不利な条項を見つけたら、契約前に不動産仲介業者に条件を変えてもらいましょう。特約を変えてくれないような大家なら、借りないほうが賢明でしょう。

賃貸では、**入居後のトラブルの対応法**も確認したいです。例えば、エアコンが壊れたり、雨漏りがしたりしたら、大家に直してもらう必要があります。**設備や共用部で不具合が出た時の、修理の連絡と手順、損害賠償について、契約前に、不動産仲介業者に確認**しておくといいでしょう。

購入の場合は、**契約不適合責任（かつての「瑕疵担保責任」）が要注意**です。中古のマンションや戸建てを買う場合、築年が古いと、瑕疵（物件の不具合）が隠れている可能性が高くなります。でも、素人の購入者が見つけるのは無理。そこでお薦めするのが**「インスペクション（建物状況調査）」**です。建築士である専門家が、建物にひび割れや雨漏りなどの劣化が起きていないかを確認するものです。

既存建物（中古物件）は、賃貸でも売買でも、インスペクションの実施の有無と、実施した場合は結果を、買主または借主に重要事項説明書で示すと、宅建業法が定めています。でも、インスペクションをしない大家や売主が多いのが実情です。

費用を負担してでも、買い手がインスペクションをすることを勧めます。費用は数万円程度ですから、何千万円の物件の安全性が担保できるなら安いもの。もし、インスペクションを嫌がるような売主なら、購入は見送るほうがいいかもし

大久保恭子さん

元「住宅情報」編集長。中古マンションの評価をする「マンション評価ナビ」創設者

れません。またインスペクションで問題が見つかれば、修理工事代の分は値引きしてもらうといいでしょう。

ちなみに、内見時に私は、**ゴミ捨て場、全フロア**、そして**マンション住民向けの掲示板をチェック**します。**ゴミ捨て場には、住み手のマナーやレベルが表れます。**分譲賃貸の住人や、生活習慣が違う外国人が多いと、荒れがちです。戸数が多くても、きれいなところはきれいです。

全階を見るのも、住民のレベルを確認するためです。時に、玄関前ポーチに、ごちゃごちゃと私物を積み上げている部屋があることもあります。ポーチは、専用使用権はあっても私物ではなく共有部です。共有部を私物化する、こうした住民は、主張ばかりして全体のことは考えないトラブルメーカーになりがちです。

掲示板は、「深夜の騒音」「ゴミ出しのマナー」など、**張り紙の注意事項を見れば、どんなトラブルがあるかが分かります。**

エレベーターで行き会った住民が挨拶してくれるかどうかも判断材料になります。挨拶のない人が多いのは、ゴミ出しが汚いのと同じく、帰属意識の薄い人々が住んでいる証拠です。管理組合が運営に苦労しているに違いありません。

購入の場合、マンションの管理規約や細則はもちろん要チェックです。ペット飼育のルールや民泊禁止など、最低限の定めがあるかどうかも確認しましょう。

家もシェアの時代？「お泊まりサブスク」をお試し

移住先探しや多拠点生活に活用

地方自治体の「お試し移住」は、なかなか条件が合わず、利用できません。もっと気軽にお試し滞在をするなら、民間の「お泊まりサブスク」サービスがお薦めです。

コロナ後、激減した外国人観光客を補うため、一部のホテルが「お泊まりサブスク」を始めました。定額を払えば、空いているホテルに泊まり放題というシステムです。リモートワークでワーケーションができる人口が増えたことを背景に、コロナが収束した今も、サービスは広がっています。中には多拠点居住に利用できると謳うサービスもあります。

例えば東急は、「旅するように暮らす」とのキャッチコピーで、サービス「TsugｉTsugｉ（ツギツギ）」[*1]の本格開始を、2023年5月に発表しました。東急グループのホテルなど全国110施設で、月2泊2万3980円（日曜～木曜限定）から、30連泊29万

9800円のコースまで。2023年夏時点で会員は約2万人いるとのこと。月に数日、リモートで仕事をしながら、気に入った場所を転々と泊まり歩くのには重宝でしょう。

ほかにも、「旅のサブスク」と題して、月額9800円からコイン制で国内外のホテルに泊まれる「HafH（ハフ）」[*2]、全国800以上のホテルやマンスリーマンションが、月額6万9800円から利用できる「goodroom サブスくらし」[*3]などもあります。

「un.ito（ユニット）」[*4]というサービスは、自分が泊まらない日はホテルとして貸し出し（リレント・転貸）、月額利用料を抑える仕組み。出社する平日だけ都心に住み、週末は郊外の実家に戻ったり旅行先で過ごしたり、といった使い方を想定しているようです。提携先にはホテル、マンスリーマンション、サービスアパートメント、シェアハウスがあり、家具・家電完備。住民票を置ける施設もあるとのこと。

例えば、神楽坂駅徒歩5分の家具家電付きアパートメントハウスは、月15日利用なら15万4000円、毎日利用なら月22万9000円、新橋駅5分で住民票も置けるホテルは月

＊1　https://tsugitsugi.com/
＊2　https://www.hafh.com/
＊3　https://livingpass.goodrooms.jp/
＊4　https://unito.life/

15日利用で9万3000円、毎日利用なら月15万3000円といった具合。物件の立地や広さ、設備、利用日数によって金額が変わります。

また、「ADDress（アドレス）」[*]は、「多拠点居住」を掲げる「お泊まりサブスク」サービスで、若者を中心に人気だそうです。全国250カ所の拠点は、シェアハウスやホテルから、ゲストハウス、一般の戸建て住宅やマンションまで。月2泊9800円〜30泊9万9800円で、空きがあれば選び放題とか（2024年からは、半年で1泊分の権利がもらえる月980円のコミュニティプランもスタート）。会員は、空き状況と自分の都合で次に泊まる場所を決めます。こちらも住民票を置ける拠点もあるそう。ただ、宿泊業ではなく超短期賃貸なので、掃除やベッドカバーやシーツ類の交換は利用者がする必要があります。

これら「お泊まりサブスク」の長所は、いずれも、特定の部屋を賃貸借契約で借りるわけではないので、敷金礼金が要らない点です。ただし、部屋を専有使用する定住とは違って私物の持ち込みはできません（一部で可能な施設もありますが、品数や保管法に決まりがあります）。その分、賃貸物件と違い、審査も要りません。高齢とか単身とかフリーランスとか、年齢や年収、職業を理由に利用を拒否されることはありません。

アドレスホッパーは「賃貸が借りられない」心配と無縁

お泊まりサブスクであれば、泊まる期間の料金さえ払えば、こちらは客です。賃貸マンションを借りるより割高ですが、気楽に「住む」ことができます。好立地の高い賃貸マンションよりは、お泊まりサブスクの連泊プランのほうが得かもしれません。それに、ホテルなら部屋の掃除もしてもらえるし、ルームサービスで食事も頼めます（お泊まりサブスクではありませんが、かつて自宅代わりにホテルに暮らしていた著名人もいます。映画評論家の淀川長治や作詞家の岩谷時子がホテルに住んでいたのは有名な話です）。

背景には、最近の若者が「所有からシェアへ」で、自分の場所やモノを所有することへの執着が薄らいでいる傾向もあるでしょう。住む場所を1カ所に定めることや、家を購入することに興味を持たない人も多いようです（高すぎて買えないせいもあるでしょうが）。

また、極力モノを持たない生き方、ミニマリストも若者に目立つと言われます。拠点を定めずに宿などを転々とし続ける「アドレスホッパー」と呼ばれる暮らし方をする人もいるといいます。ミニマリストならアドレスホッパーにもなれそうです。年齢制限で賃貸を

＊ https://address.love/

借りられなくなる心配とは、アドレスホッパーは無縁でしょう。

では、アドレスホッパーはどんなふうに暮らしているのでしょう。何歳くらいまでホッピングでいけるのでしょう。実際に会員になって、行き会う人たちに聞いてみました。

拠点は「住まい」のシェア

最初に泊まり合わせたリアルな完全アドレスホッパーは、30代のカップルでした。2人で、車1台で「お泊まりサブスク」の拠点から拠点へと旅しているそうです。

6月初旬のよく晴れた日、東海地方の拠点で出会いました。前夜に移動してきたカップルの女性が、「洗濯物が干せる〜」と、朝から庭先の物干し竿に服を干していました。

拠点は「住まい」のシェアですから、泊まる部屋のほか、洗濯機や乾燥機もあります。天気が良いときは、こんなふうに滞在者の洗濯物で満艦飾になることもあるそうです。

また、台所には鍋やフライパンなどの調理器具や炊飯器、電気ポットなども完備されています。普通に料理をして、「生活」することができます。

2人の関係性までは詳しく聞きませんでしたが、このカップルは、おそらく夫婦。子どもはいません。2人ともオンラインでできる仕事をしていて、数日から1週間程度の滞在で、次の拠点へ行くとのことでした。

拠点はどこもＷｉ−Ｆｉ完備です。定住地を持たず、拠点から拠点へと移り住んでも、仕事で特段困ることはないそうです。「自宅がなくて、ずっと移動していると疲れないいんですか？」と聞いたところ、「大丈夫。疲れたと感じたら、気に入った拠点に、２週間くらい泊まり続けます」。住民票は、男性の実家に置きっぱなしだそうです。

別の拠点では、現役アドレスホッパーと元アドレスホッパーの、30代の男性計３人に会いました。

１人は、バックパッカーのように、大きなリュック一つに全財産を抱えて全国を旅していると言います。拠点で区切りのいいところまで仕事を終えたら、次の拠点に移動する。鈍行で拠点を泊まり渡れば、さほど交通費もかからない。本は読んだら捨てるか売るかあげるかして荷物を増やさず、住民票は実家に置いたまま――と話していました。

別の１人は、１年以上もアドレスホッピングを続けているそうです。１年以上も定住地を持たないなんて。「よく疲れませんね」と聞くと、次の滞在先を考えるのに疲れると、友達の家に居候したりして１カ所に長居し、一休みするそうです。残るもう１人は、疲れたのでアドレスホッパーを中断し、いまはシェアハウスに住んでいるとのことでした。

偶然かもしれませんが、私が会ったのは、カップルの女性を除いて、みな30代男性でした。でも、アラ還世代でも拠点から拠点へと旅しているアドレスホッパーの猛者がいると、彼らから聞きました。次の拠点ではたまたま、アドレスホッパーではないものの、相当な頻度で多くの拠点を旅して回っている63歳の男性A氏に遭遇できました。

「終の住処」を探す旅にいかが？

A氏の自宅は関東。妻を自宅に残して、いつも一人で旅しているとのことです。行き会った拠点では5連泊中でした。この業者には、追加料金を払って1つの拠点に留まれる制度もあります。男性はその制度を使って、２０２２年夏から秋にかけて4カ月、中部地方のある拠点に留まっていたそうです。

山歩きが趣味で、体が動く元気なうちに多くの山に登りたいと、関西、中部、関東地方の、山に近い拠点は随分泊まったそうです。翌週も別の拠点を予約しており、お泊まりサブスクは「定額でいろいろなところに泊まれ、コスパも使い勝手も良い」と満足げでした。

さらに、人生経験や世代、職業が異なる人々とふれあうことも楽しい、とA氏は言います。人好きで、コミュニケーション力に長けた人には、お泊まりサブスクは楽しそうです（他の利用者とコミュニケーションしたくないならしなくてもいい、部屋に籠もって本を読んでいてもいい、と30代ホッパーには言われましたが）。

Ａ氏に、同世代の人に会ったことがあるか聞いたところ、住所不定・多拠点居住のアドレスホッパーではなく、Ａ氏も利用した1拠点に留まる契約でならいるようだ、と教えてくれました。確かにそれなら体はきつくないでしょうが、月に3万円ほど余分にかかります。賃貸契約が不要とはいえ、老後に安く住み続ける「家」としては向かなそうです。やはり、中高年になっての「お泊まりサブスク」利用は現実的ではないですね。

ただ、「終の住処」を探す旅には使えそうです。業者のホームページにも、定年後の移住先や子育て向きの地方など、定住場所を探すために利用している人が紹介されています。拠点で暮らし、スーパーや商店街で買い物をすれば、物価や生活利便性が分かります。ホテルや旅館では味わえない「住んでみた感覚」が体験できます。贅沢にハレを楽しむ観光客ではなく、日常生活を営む居住者の視点で、自然環境や交通利便性も確かめられるはず。数カ月も滞在したら、隣近所とも交流し、馴染みの店や知人友人もできるでしょう。

ということで、「お泊まりサブスク」は、アラ還からの地方移住を考える時の、「自主的なお試し移住」として利用してはいかがでしょう。人付き合いが苦ではない、社交的な人には、世代の違う人々とふれあえるコスパの良い旅行としても、お薦めです。

「リアル・テラハ」に潜入
最新家電付き、身一つで暮らせるシェアハウス

それぞれに自由な土曜のブランチ

食堂から、美味しそうな匂いが漂ってきました。シンクとコンロのセットが計4つもある、料理教室みたいに広いキッチンで料理をしていたのは、推定28歳、長身の白人男性でした。「Hey!」「Hello」。顔見知りらしき日本人女性（推定25歳）がキッチンに入ってきて、何やら言葉を交わしています。

彼女は、お茶をいれたらさくっと部屋に戻って行きました。キッチン前に広がる食堂エリアには、大小のテーブルがいくつか。3人がばらばらの場所で、パソコンを見たり携帯をいじったりしながら、それぞれご飯を食べています。ソファスペースになっている一角では、外国人と日本人の男性2人組が大画面でテレビゲームに興じていました――2023年6月のある土曜の午前中、都内某所のシェアハウスでの様子です。

この日、このシェアハウスの運営会社G社による現地説明会に参加しました。都内でリーズナブルに家を借りようと思ったらこの手がある、と思い出したからです。かつては独身の若者だけの特権だと思われていたシェアハウスですが、最近は物件も運営会社も増えました。外国人や中高年など、独身の若者以外も住んでいるようです。

「家具も家電もいらないし、寂しくないから」と、「定年後に熟年離婚されて家を追い出され、若者に交じってシェアハウスで暮らしている男性」を知っています。ならば、57歳・独身・フリーランス女性にも、めくるめく「テラハ」の世界に暮らす可能性はあるのかしら？——興味本位で、現地説明会に参加してみました。

風呂・トイレの掃除は業者、バー付き物件も

説明会のあった物件は、私鉄ターミナル駅から急行で約25分、駅から徒歩約8分と手頃な立地です。社員寮だった建物を買い取ってフルリノベーションしたような造りでした。

募集住戸は1階、北向き9㎡の個室で、家賃は4万6000円、管理費7000円、水道光熱費1万3200円で、総計月6万6200円。礼金は家賃1カ月分の4万6000円、敷金は1カ月分の総支払い額と同じ6万6200円です。

説明会の参加者は、私ともう一人。アラサーと思しき、ストレートな黒髪がきれいな女性でした。シェアハウス運営会社の男性社員S氏（推定33歳）が説明します。

S氏はまず、シェアハウスの仕組みと長所を語りました。個室は約10㎡と比較的コンパクトで、キッチンや風呂、トイレ、洗面所などは共用です。その分、設備は充実していて、調理器具やキッチン家電、洗濯機などはハウス側が用意し、自由に使えます。バルミューダのトースターや、デロンギのコーヒーマシンなど人気の家電もあります。

実家を初めて出る人にはありがたいことに、ベッド一つで入居しても、翌日から生活ができます。個室の掃除は自己責任ですが、風呂やトイレ、台所も含めて共用部はプロの清掃業者がほぼ毎日清掃するそう。掃除しなくて良いなんてホテルみたいです。共用部の電気代や清掃代は、毎月払う水道光熱費や管理費に含まれているとのこと。

この会社の物件では、リモートワークができるワークルームや、バーやカフェ、シアタールームなどがあるものも。住民同士の交流が楽しめる、というのが売りで、まるで「リアル・テラスハウス」。外国人が多い物件では、多国籍の国際交流ができるそうです。

とはいえ、他人との交流が面倒な人もいます。少し金額は高くなりますが、個室に水回り（ミニキッチン、バス、トイレ、洗面台）がある物件を選べば、他の人との交流はしたい時だけで、あとは部屋に籠もることもできます、との説明でした。仲間だけで住むシェアハウスと、隣人が何者かまったく知らない普通のワンルームマンションの中間的な位置づけ、と言います。もちろん住民票も移せるし、郵便物も個別のポストに届きます。

2年の「定借」契約、「ずっと」は住めない

リアル・テラハなら、「運営会社として、入居者を交流させるような仕掛けやイベントはしないんですか？」と聞いたら、「していません。入居者さんたちが自主的に、BBQをするなどイベントをして盛り上がるシェアハウスもありますが、あくまで自主的です」とのことでした。若者の輪にうまく入れないのではないか、との心配は杞憂のようです。

ただ、G社の場合、「2年の定期借家（定借）契約」なのが気になりました。定借は、期間満了で退去しなくてはならず、更新ができない契約です。長く同じ部屋に住み続けたい賃借人は、2年で出て行かなくちゃいけない定借物件は避けるべきです。特に、年を取るにつれて新規契約がより難しくなりそうなアラ還にとっては、うれしくない条件です。

更新は絶対できないのかと聞くと、「更新でなく、再契約ならできます。新しい契約を結び直してもらいます」との説明でした。その際は更新料ではなく再契約手数料を払うけれど、最初の礼金の半額程度だそうです。

また、同じ運営会社の他物件に移るなら、「リピート割引」があり、礼金半額かフリーレントなどのサービスが適用されるとのことです。一般の賃貸物件は、定借じゃなくても2年後の更新時に1カ月分の更新料を払うことを考えると、お得かもしれません。

またG社のように運営会社が直営の場合、仲介手数料はかかりません。敷金も、家賃1カ月分相当と、相場と同程度で、さらに退去時に敷金から差し引く金額は、G社は最初に明示しています。3万～4万円と、クリーニング代相当ですから良心的です。

ただ、家賃だけで比べると、普通の賃貸物件よりお得とまでは言えません。

今回、見学した家賃4万6000円の物件と似た条件のワンルームを、駅前の不動産屋でチェックしました。アパートなら3万～4万5000円、マンションで3万1000～7万7000円と、家賃だけなら同程度でした。家賃に敷礼金まで含めた総額と、物件の場所や立地、共有部の設備、サービスの質（清掃込みなど）まで、トータルで考えれば、シェアハウスに軍配が上がるかもしれません。

別のエリアでも、同程度の広さの一般のワンルーム賃貸物件と比べてみましょう。

例えば、東京都中央区にあるG社の物件は、地下鉄駅徒歩6分、11㎡（6・5畳）、水回り（バス、トイレ、洗面台）付きの東向き6階、2019年築（築4年！　新しい！）です。この部屋の月額は、家賃9万8000円＋管理費9000円＝計10万7000円。礼金9万8000円、敷金が10万7000円（うち退去時にクリーニング代として4万4000円が償却なので、返金されるのは6万3000円）です。償却された敷金と礼金も入れて、2年間にかかるのは計271万円、月平均にすると11万2917円の計算です。

設備やサービスも含めればQOLは高く、家賃はお得

これを周辺の普通の賃貸ワンルーム物件と比較してみましょう。

例えば同じ駅で徒歩5分、20㎡（洋間6畳）の4階、北西向き築21年のワンルーム物件は、管理費込みで月額8万3000円。敷金、礼金ともに7万1000円ずつかかり、ほかに、保証人代わりの保証会社に支払う保証料0・5カ月分、不動産業者への仲介手数料1・1カ月分（消費税込み）が必要です。

退去時のクリーニング代は明示されていませんが、それなりに取られるでしょう。2年間でかかる経費をひと月当たりにならすと、計約9万3000円になります。このワンルームは古くて向きが悪い分、シェアハウスよりは安く上がります。

ほかの物件も比較してみました。一覧にしたものが次ページの表です。築年の古さ・浅さ、駅からの近さ・遠さ、部屋の向きなどで金額は上下します。築古、北向き、3点ユニ

物件名	シェアハウス	ワンルームA	ワンルームB	ワンルームC
駅徒歩	6分	5	10	1
築年数	4年	21	4	22
広さ	11㎡	20	22	22
階数	6階	4	3	3
向き	東	北西	北西	北東
家賃	9万8000円	7万1000	8万3000	10万9000
管理費	9000円	1万2000	8000	1万500
初期費用*	20万5000円	26万5600	13万4500	34万7900
退去時費用**	4万4000円	※	※	10万7000
2年間の総額	271万円	223万600	236万2500	332万2900
2年総額を1カ月当たりにすると	11万2917円	9万2942	9万8438	13万8454

*初期費用＝敷金、礼金、仲介手数料、保証料
**退去時費用＝敷金からの引き去り分、鍵交換代、クリーニング代など
※不明のため、4万4000円として計算

ットなどとグレードを下げていけば、もっと安い物件も見つかります。逆に、シェアハウスと同程度のグレード感と新しさを求めると、かなりの金額になりそうです。

さらに、普通のワンルームだと、快適な共用部分——自由に使えるバースペースや広いダイニングキッチン、広い風呂や、リモートワークに最適なＷｉ－Ｆｉ付きのワークスペースなど——はありません。これらを自分で備える場合の、広さ分の家賃と、設備の購入・維持運営費、掃除などサービス料まで合わせて考えれば、シェアハウスのほうがＱＯＬは高く、家賃はお得、となりそうです。

問題は、やはり年齢層でしょうか。Ｇ社のシェアハウス入居者の平均年齢は32歳で、多いのは20代後半から30代だそうです。その上

の世代は、「賃料が高いと、30代、40代がメインのハウスもあります。賃料次第ですね」とS氏。それでも40代ですね。

最後に、思い切って聞いてみました。もっと上の世代でも、シェアハウスに入れますか？　S氏いわく、「仕事でよく来るエリアにセカンドハウスとして借りたり、単身赴任で入ったりしている方もいらっしゃいます。最高で62歳の方もいらっしゃいます」。

セカンドハウス利用も、アラ還も、OKなんですか？　「逆にダメな理由がないでしょう」。ただ、保証会社の審査は必須で、フリーランスは「普通に厳しいかも」。単身者向けシェアハウスだから単身はOKだけれど、職業がネックとは。なかなかうまくいきません。

退職直後の生活リセットに

シェアハウス、きらきらしていそうで、まぶしいです。メリットは、普通の賃貸を独りで借りるより、豪華な設備が使えること。シェアハウスの若者コミュニティーに入れてもらえれば（実際には顔見知りになる程度でしょうが）、気持ちが若やいだり、会社を離れたことで精神的に孤立して鬱っぽくなるのを防いだり、さらにはボケ防止になったりも、するかもしれません。何か困った時にも、若者は助けてくれそうです。

デメリットは定借です。今は借りられても、「ずっと」は住めないでしょう。普通の借家ならば「借りたもの勝ち」ですが、定借は契約満了で退去が必須、再契約してもらえないとアウトです。残念ながら、G社の物件では、将来、住処がなくなる心配は消えません。

とはいえ、我々アラ還にとっても、時限的な仮住まいとして、シェアハウスは利用価値があるかもしれません。例えば、退職前の会社員の人が、社宅を出されたり家賃補助が切れたりするタイミングで、一時的にシェアハウスに住むのはどうでしょう。

それまでの荷物や家電を捨てて、身の回りを必要最低限にして、生活をぎゅっとコンパクトに圧縮します。無理やり「断捨離」してミニマリストになり、支出を見直すのです。たとえ数年間でも、家賃を圧縮できれば、定年後の貯蓄の取り崩しを減らせます。共用部の家電や設備を使いながら、必要・不要を見極め、いずれ自分の部屋に揃えるべき家具・家電を厳選してはいかがでしょう。老後への賢い移行戦略になりそうじゃないですか？

もちろん、シェアハウスの契約満了時に再契約が認められて、まだ住んでていいよと言われればラッキー！　若者に交じって、住み続けちゃいましょう。

マンション「2つの老い」問題
建物も人も年を取る

管理組合？の2人組

あれは2023年春、都内で中古マンション探しを始めた、まさにその日のことでした。物件を内見した帰途、私鉄Z駅近くのカフェに、遅いランチをとるために入りました。Z駅は急行も停まる比較的大きな駅で、昔ながらの商店街や飲食店街もあり、若者も多く集うエリアです。カフェには若いカップルのほか、演劇青年らしき一団もいました。

そこへ、「ここにしましょ」と、60代くらいの、上品で活動的な雰囲気の黒いワンピースの女性と、おそらく80代の、白髪痩身のスーツ姿の男性が入ってきました。2人は私の隣の席に座りました。父と娘？ オーナー企業の元会長と秘書？ 私の中で妄想が膨らみ、つい耳ダンボになります。やがてコーヒーを前に、女性が話し始めました。

「値上げが嫌だって言っても、値上げはしないといけないんですよ。ほら、管理会社の×

×さんも説明してたじゃないですか。このままじゃ、管理ができません、って」

女性が男性を説得していました。男性は分かってる分かってる、と口先では賛同しながら、ちっとも納得していない雰囲気です。「値上げっていってもあの金額は……」「今までちゃんとしてなかったんじゃないか」「ほかの会社はどうなんだ」などと文句を言い、渋っています。女性は続けました。

「ご存じですよね？　＊＊マンション。あそこ、値上げできなかったら、ついに管理会社がいなくなっちゃったんですって。今も売りに出てますけど、すごい安いんですよ。値段が下がっちゃって」

女性はぼそぼそと呟きました。売り出し金額を示したようです。白髪老人は口をへの字に曲げたまま、目を見開いていました。

およその事情はのみ込めました。2人は、近くの分譲マンションの区分所有者たちだと推測できます。おそらく、女性が管理組合の理事長で、男性も理事の一人でしょう。

推察するに、おそらくは半世紀くらい経つ古いマンションです。修繕積立金と管理費の値上げが管理組合で話し合われ、値上げをしないと管理は無理だ、やめると、管理会社は言いだしている。男性は値上げ反対の急先鋒で、管理会社をすげ替えればいいと主張。でも女性は、管理会社の問題と管理費の値上げは別問題だ、管理会社を替えても値上げは必要だと、男性を説得するためにお茶に誘ったのだ、と推測できました。

区分所有建物の2つの高齢化問題

女性が近隣のマンションの例を示したのは、このまま値上げしなければ同じ轍（てつ）を踏むことになる、と警告したかったのでしょう。ただ住民としては、将来、売る時の資産価値が下がるのも困りますが、いま維持費（管理費や修繕積立金）が上がるのも生活が苦しくなります。高齢の所有者の中には、自分の生きている間は値上げしないでほしい、死んだ後に資産価値が下がってても構わない、という利己的な主張をする人もいるでしょう。

男性は説得された様子はありません。年金暮らしで、無い袖は振れないのかもしれません。でも値上がりすると家計が厳しいとは、プライドもあって言えないに相違ありません。

修繕積立金や管理費が足りずに値上げを試みる管理組合は、全国に数多（あまた）あります。そして、区分所有者がもめて値上げできないところも。前に述べたように、建物は老朽化するほど維持補修にお金がかかります。鉄筋鉄骨コンクリート造でも、屋根や壁、柱や梁を点検・補修したり、エレベーターや給排水管を取り替えたりする大規模修繕工事が必要です。でないと躯体も設備も古くなり、最悪、危険で住めなくなってしまいます。

昔に建てられたマンションほど修繕積立金は少なく、長期修繕計画もなく、計画的に維持補修ができていません。住民の中に、一度買ったら維持費は要らないと思い込んでいる人や、マンションは所有者全員で協力して維持管理するという原則が分かっていない人も、ことに古いマンションには、いることがあります。

しかも、建物の老朽化とともに、住民も高齢化します。

これがいま、全国的に問題になっている、「区分所有建物の2つの高齢化問題」です。

購入当初は若夫婦だった住民も、マンションとともに年を取ります。半世紀前に30代で購入した人たちも、いまや80代、年金暮らしです。子どもが継いでいる物件もあるでしょうが、かつてのニュータウンなどでは、子どもたちは都心へ出て行き、老夫婦だけが残っている部屋も多いです。

配偶者が亡くなって一人暮らしの高齢者も少なくないでしょうし、中には認知症を発症している単身高齢者もいます（認知症の区分所有者によるトラブルに管理組合がどう対処するかという、別の問題もあります）。皮肉なことに、分譲時に満足度の高かった良いマンションほど、所有者が手放さないので住民の新陳代謝が進まず、物件とともに区分所有者も高齢化してしまいます。

住民の高齢化が問題になるのは、管理費や修繕積立金の値上げ問題だけではありません。

建て替えについても、やはり高齢の所有者が「反対勢力」になりがちです。

賛成派・反対派に分かれると建て替えが頓挫

築半世紀前後のマンションは、低層棟でエレベーターがない、設備や間取りが古くて現代の生活に合わない、といった理由から、建て替えが検討されます。建て替えには区分所有者の5分の4の賛成が必要です。その建て替え決議でストッパーになりがちなのが、ずっと住み続けて高齢になっている、古くからの区分所有者です。

賃貸に出している非居住所有者は、連絡がつかないため、決議に必要な票集めの邪魔になることがあります。一方で、高齢の居住所有者は、住んでいるがゆえに反対します。

高齢の住民にとっては、将来的な利便性や資産価値を高めることより、現在の住まいのほうが大事です。老い先短いのだから、お金と時間をかけて建て直さなくても今の状態でいいじゃないか、仮住まいへの引っ越しも難儀だし、建て替え後のマンションに戻る前に転居先で死んじゃうかもしれない、などという理屈です。そもそも年金暮らしで建て替え資金が用意できず、賛成したくても経済的に無理だという高齢住民もいるでしょう。

管理組合の中が建て替え反対派と賛成派とに二分されると、建て替え計画は頓挫します。

反対派の所有する区分住戸が、所有者が亡くなって相続時に売りに出されたり、子に相続されたりして、所有者が変わってからでないと、話が進まなくなります。

ちなみに建て替えが成功しやすいのは、建ぺい率に余裕があり、駅前など立地が良く、大手デベロッパーが管理組合とともに再開発組合に入るマンションです。この場合、余剰床を新規に分譲して建て替え費用を賄うため、元の区分所有者の金銭的負担は減らせます。また、デベロッパーが資金力を駆使して、反対派の区分所有住戸を1つずつ買い占め、建て替え決議に必要な5分の4の賛成票を集める、といった手法を採ることもあります。

マンション法の改正、国が検討中

さらに問題なのが「所有者不明問題」です。

マンションの築造から長年が経つ間に、区分所有者の死亡による相続などで所有権が移転したり、所有者がマンション外に転居したりすることがあります。でもきちんと登記されていないと、現在の所有者とその住所が分からなくなります。弁護士に調査を依頼してなんとか現所有者が判明したとしても、複数人が共同相続した共同所有物件だと、彼ら全員に議決のための連絡を取る必要があります。管理組合の負担は大きいです。

このため、2024年中の国会成立を目指して国の法制審議会で検討されたのが、区分所有法の改正です。目玉の一つが、建て替え決議の要件緩和です。2024年1月にまとめられた改正要綱案によると、これまで「5分の4」の賛成が必要だった建て替え決議を、「4分の3」に引き下げる緩和策が盛り込まれました。建て替え決議を通りやすくし、建物と住民の2つの高齢化に対処しようとするものです。

国交省によると、築40年以上のマンションは2021年末現在で115・6万戸、築30年以上は249・1万戸あり、10年後には築40年以上は約250万戸に達する見込みです。それらの老朽化マンションの、耐震化を含む長寿化改修か建て替えを促進させたいと、国は企図しています。住民の高齢化とともに荒れていき、最後は住む人がいなくなってゴーストビルとなった廃墟マンションが乱立するような事態は避けたいのです。

ちなみに、今回検討中の区分所有法改正案には、管理組合の決議に際して、所在が分からない区分所有者や、管理組合総会に参加しない区分所有者らを分母から除くといった案も盛り込まれています。

さらに、これまでは建て替えにしろ一棟リノベーションにしろ、存続し続けるしかなかった区分所有建物と管理組合の「解消」(建物を解体して更地に戻し、売却益を区分所有者で分ける)についても、区分所有者の合意によって可能になる、との条文が初めて盛り込まれるとのことです。

ほかにも、所有者不明土地・建物をこれ以上増やさないため、登記の義務化が法律で決まっています。相続による不動産取得は、相続から3年以内に相続登記を（2024年4月施行予定）、転居による住所変更については転居から2年以内に住所変更登記を（2026年4月までに施行予定）、それぞれ申請しなくてはいけなくなります（登記のたびにお金がかかるので、「引っ越し魔」のモトザワにはつらい法改正です、苦笑）。

古い分のリスク

さて。冒頭の男女の話に戻りましょう。彼らを見かけたZ駅前のカフェに行く前に私が内見した中古物件は、ちょうど、「分譲マンションの2つの老い」問題の舞台となっていそうな、築古のマンションでした。

ハイグレードマンションとして建てられ、旧耐震でしたが耐震診断・耐震補強工事もされています。室内はフルリフォームされたばかりでキレイです。金額的にも、ローンが通れば購入できそうです。都内の築浅物件は高くて手が出ない中、きちんと維持修繕されていて、内装リフォームもされているなら、築古でも良いか――そう考え始めた矢先に、この男女の会話を耳に挟みました。そして、「2つの高齢化問題」を思い出しました。

そうだ、古いマンションには、古い分のリスクがあったんだ。築古の購入はやめよう、となったのでした。

どんなに高級マンションでも、年を経れば建物も住民も老います。当初は金回りの良かった区分所有者たちの中にも、年齢とともに経済状況が悪化し、修繕積立金などの維持費を出せなくなる人もいるでしょう。そうして「管理費未収」「修繕積立金未収」の住戸が増えると、物件全体の補修・維持管理が難しくなります。修繕積立金が足りなければ、するべき時期にするべき工事ができず、補修は後回しになるからです。結果、「建てた当初は高級だったけど、今は古ぼけてしまった」老朽化マンションの一丁上がり、です。

「管理を買え」、どこで管理状態を確認？

当然、売却時の売り出し価格も下がります。買う側には「お得な、かつての高級物件」と映るかもしれません。安いには安いなりの理由があるのですけれど。リフォーム業者が安く仕入れてフルリフォームして相場で売るような場合、専有部分がリフォームされていればなおさら「築古の割にお得」と見えるでしょう。

よく「マンションは管理を買え」と言われます。管理状態の良好さがマンションの価値を決めるとされますが、意味が分かっている新規購入者は多くありません。予算重視で購入物件を探す買い手にとっては、管理組合の運営や建物全体の維持補修は、実際、考えるだけの余裕も知識もないでしょう。

「管理を買え」の意味から、私は、分譲マンションは買うなら新築よりも築浅中古のほうが良いと思っていることは前にも書きました。管理組合は立ち上げが大変なのと、できて数年以上経ったほうが、修繕積立金が貯まっているか、日常の管理ができているかなどがチェックできて、管理組合が機能しているかが見えるからです。

マンションを内見する時、管理組合の管理態勢の善し悪し・グレードを、モトザワは独自の基準でチェックします。エレベーターの更新、鉄部の塗装、外壁のクラック（ひび割れ）補修と塗り直し、ベランダの防水加工、そしてゴミ置き場の整理整頓状況です。

鉄部や外壁など建物の状態を見れば、管理組合全体で話し合って決めているか、修繕すべき部分がきちんと適宜、リフォームされているかが、目に見えて分かります。それらは管理組合の運営がうまくいっているかどうかを反映しています。

ゴミ置き場は、住民の「質」を如実に示します。自分たちの建物に愛着を持っている住民が多く住んでいる物件は、たとえ古くなっていてもゴミ置き場の使い方がきれいなのです。きちんと整頓されて清潔です。一方、分譲賃貸住戸が多いなどで、物件への愛着の少ない、共有意識の低い居住者が多いマンションのゴミ置き場は、どれだけ管理人が整理整頓・清掃していたとしても、すぐに乱れ、汚れてしまいます。そういう物件は、いずれ賃貸住民のルールやマナーが問題になりかねません。すると、管理を巡って、投資用物件のオーナーと、実住で住んでいる区分所有者とがもめると予想できます。面倒なだけです。

理想の「終の住処」を求めて

Z駅近くの物件をパスした後も、モトザワは毎日ネット情報を探し、毎週物件を見て回りました。でも、これは、という物件には、なかなかお目にかかれません。一度だけ、購入の申し込みをしましたが、現金買いのライバルに負けて（売主がそちらを選びました。購入の場合は一番手優先ではなく、申込者の中から売り手が買い手を選べます）、あえなく玉砕してしまいました。プロポーズしたのに、フラれてしまったようなものです。

その物件は、Z駅から数駅離れた各駅停車駅から、徒歩6分、そこそこ築浅（2004年築）、1LDK40㎡、西向き、4階建ての4階でした。ベランダからの眺望が抜けていて気持ち良く、周辺には大きな川も、占いのNG施設もありません。金額的にもギリギリ予算内で、銀行の住宅ローンも事前審査でOKが取れました。

一部、「ん?」という部分はありましたが(実はゴミ置き場があまり整頓されてませんでした)、「100%理想通りなんてあり得ない、いいや!」と申し込んだのでした。

というわけで——まだまだ煩悩は尽きません。理想の老後の住まいを求めて、試行錯誤、右往左往を続けます。

取材中に移住の成功者に言われた、「人生で何をするのか」「何がしたいのか」という問いが身に染みます。後半生を、なぜ、何のために、そこで、誰と、どのように、暮らしたいでしょう(私は「誰と」は「独り」が良いですが、パートナー、きょうだい、親族、友人など、誰かとの同居を検討している単身女性もいるかもしれません)。どんな住まいを選び、何をしたいのでしょう。その場所に住むことが、自分にとって、どんな意味があるのでしょう——根本的な、この自問自答に立ち返ります。ここから考えなくちゃ。

生活の基盤は家、「透明な存在」にならないために

単身女性には、ステキな年の取り方をしている先輩たちもいます。「婦人公論.jp」にもインタビューが掲載されていた石井哲代さんは、103歳のいまもずっと広島県尾道市の

自宅一戸建てで一人暮らしをしているとのこと。同じく紫苑さんの、「つましく」も「上品な」単身の都会暮らしも理想的です。

でも、あえて言わせてください。石井さんが畑仕事に精を出せるのも、紫苑さんが年金5万円で生活できるのも、住む「家」が確保できているから、です。

田舎でも都会でも、一軒家でもマンションでも、自分の持ち家があるから、自給自足と年金で生きていかれるのです。維持費はかかるでしょうが、賃貸の心許なさに比べればはるかに安心です。誰からも追い出されない、雨風をしのげる場所があるのですから。

その点で彼女たちは、これから定年を迎える、いま賃貸住まいの単身女性たちのロールモデルとは言えないでしょう。それよりも、「はじめに」でも触れた、東京・幡ヶ谷のバス停で殺された64歳女性のほうが、よほど身近ではないでしょうか。

賃貸住まいの単身女性がひとたび家を失うと、仕事に就くことも難しくなり、行政サービスの網の目からも零(こぼ)れ、誰にも見つけてもらえない透明な存在になってしまいます。いったん「転落」すると、若者ですら自力で這い上がるのは至難の業です。いわんや還暦過ぎの女性をや。結果、あの女性のような路上の死が待っているのだとしたら、家の確保は生死に関わる、文字通り「死活問題」です。

そう。生活の基盤は家なのです。そして、私のような単身女性は、その基盤を、自力でなんとかしなくてはいけません。親が残してくれたものもなく、夫や子が買ってくれるわけでもない。ならば、自分で考えて自分で工夫して、どうにかするしかないのです。

定年前の会社員女子のあなたへ

ところで。

最近、都内のマンション価格が天井をつけ、高止まりを始めた気配があります。投資用で、かつては3％台ばかりだった23区内の利回りが、5％を超える物件が出始めたのです（賃貸相場は急激に上がらないので、オーナーチェンジ物件の売り出し価格が下がり始めたということ）。「そろそろピークアウトで、取引価格が下がり始めるのではないか。後で振り返れば2023年がピークだった、となるのではないか」との不動産コンサルタントの分析も聞きました。

ですから、マンションをすでに持っていて、老後用に買い換えを検討中の友人には、こうアドバイスしようと思います。

「ピークの今のうちに『売り先行』で売っちゃって、まずは利益確定したほうがいいよ。買うほうはこれから下がるだろうから、2年くらい、下がるのをじっくり待ちながら物件を探せばいい。荷物はトランクルームに預けて、シェアハウスか賃貸に住んで。で、良い家が見つかったら、即、今のマンションを売ったお金で、最強の『現金買い』をしたらいいよ」

ただし、定年前で初めて購入する会社員の女友達には、こう言いたいです。

「会社員のうちにローンを組んだほうがいいから、下がるのを待つより、すぐ購入物件を探し始めたほうがいいよ」

もちろん、購入以外の選択肢もあります。還暦を過ぎても、すぐ住宅に困り、路頭に迷うリスクは低そうです。都内／地方、買う／借りる、新築／中古だけでなく、さまざまな「住む」サービスと選択肢もあります。多拠点居住や地方移住など、「住まい方」のパターンはいろいろです――ということが、今回の取材でよーく分かりました。

物件購入にこだわる必要はありません。でも、やっぱり定年退職の前に、住まいについては考えてほしいのです。私のように退職後に「終の住処を探して三千里」とならないためにも。

そしてモトザワの流浪は続く、のでした。

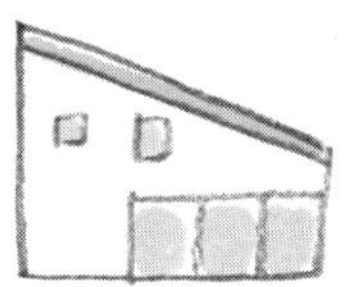

本書はWEBサイト「婦人公論.jp」の連載「老後の家がありません!? アラ還シングル女、終の棲処を探して右往左往」（2023年3月～8月）を加筆修正し、再構成したものです。本編中のデータ、数字等は取材時のものとなります。

元沢賀南子（もとざわ・かなこ）

1965年生まれ。早稲田大学卒業後、新聞社に入社。記者・雑誌編集者などを経て、50歳のとき早期退職し、現在はライター、編集者として活動する。幼少期の趣味は新聞の不動産広告の間取り図スクラップ。缶に溜め、心躍らせた筋金入りの住宅好き。会社員時代から住んだ物件は12を数える。転勤で福岡在住時代には、地元タウン誌に独身男女の恋愛事情ルポ「踊るシングル族」「東京男子」を連載するなど、恋愛問題にも詳しい。自称・恋愛評論家。

老後の家がありません
——シングル女子は定年後どこに住む？

2024年３月10日　初版発行

著　者　元沢賀南子

発行者　安部順一

発行所　中央公論新社
〒100-8152　東京都千代田区大手町 1-7-1
電話　販売 03-5299-1730　編集 03-5299-1740
URL https://www.chuko.co.jp/

DTP　市川真樹子
印　刷　大日本印刷
製　本　小泉製本

Published by CHUOKORON-SHINSHA, INC.
Printed in Japan　ISBN978-4-12-005758-8 C0095

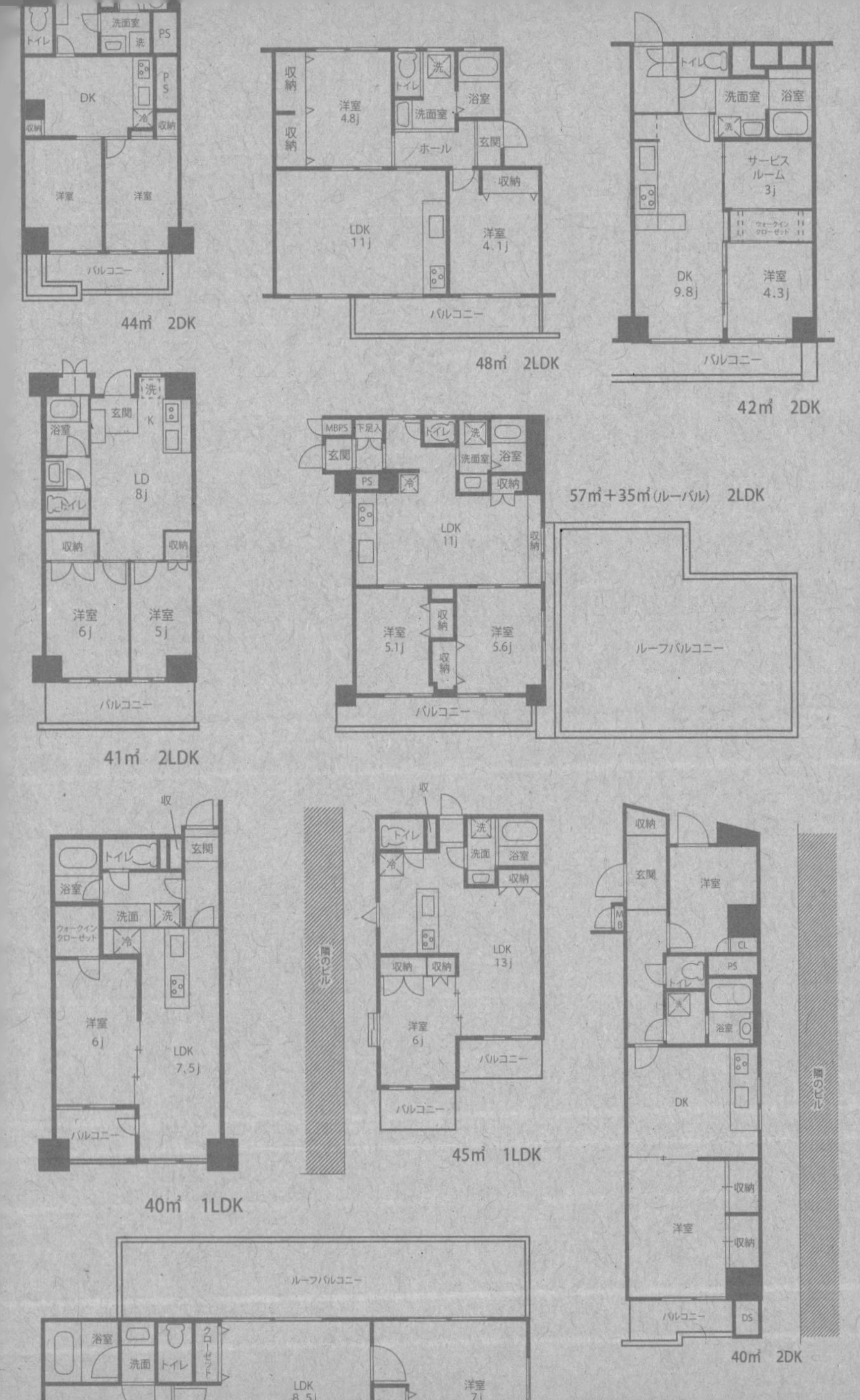

44㎡　2DK
48㎡　2LDK
42㎡　2DK
41㎡　2LDK
57㎡＋35㎡(ルーバル)　2LDK
40㎡　1LDK
45㎡　1LDK
40㎡　2DK
洋室
LDK
DK
洋室
収納
バルコニー
ルーフバルコニー
隣のビル